Pastaglück

NUDELSALAT IM GLAS

Köln, im Januar 2017

Alles Gute,
liebe Tina

Viel Spaß beim Mischen und Shaken!

Alles Liebe Maja

MAJA NETT
FOTOS VON MARIA BRINKOP

Pastaglück

NUDELSALAT IM GLAS

Edition Fackelträger

Seite 104

Seite 74

Seite 91

Inhalt

Shake it!

Nudelsalate lieben die meisten von uns – wer kennt sie nicht, die guten (k)alten Klassiker auf Geburtstags-büfetts oder bei Grillpartys? Aber als Mittagessen? Nicht ganz so alltäglich. Doch das soll sich hiermit ändern! Ab ins Glas und her mit dem Lunch!

Denn die Nudelsalate in diesem Buch sind ein idealer Begleiter für unsere Pause – ob in der Uni, am Büro-schreibtisch oder im Park: man kann sie unkompliziert überall mit hinnehmen. Spaziergang, Picknick oder ein Tag am See: Nudelsalate bieten eine willkommene Abwechslung zum belegten Brot oder klassischen grünen Salat. Sie sind frisch und machen gleichzeitig gut satt, ohne dass man danach in das berühmt-berüchtigte Fresskoma fällt. Und man benötigt nicht mehr als ein großes Glas und eine Gabel!

Die meisten Rezepte in diesem Buch sind vegetarisch, einige vegan, manche enthalten Fisch oder Fleisch. Einzelne Zutaten können problemlos weggelassen, ausgetauscht oder ergänzt werden. Die Variations-möglichkeiten sind grenzenlos und so sollten sich hier für jeden Geschmack Lieblingsrezepte finden lassen.

Die Kapitel sind dazu in drei Stufen unterteilt: von blitzschnell und super einfach über Rezepte für jeden Tag bis hin zu dekadenteren und aufwändigeren Kreationen.

Ich hatte bei der Rezeptentwicklung unheimlich viel Spaß und habe viele meiner Büro-Kollegen mittags zum Lunch mitversorgt. Ich hoffe, ihr habt genau so viel Vergnügen beim Zubereiten und Essen!

Viel Spaß beim Ausprobieren und Genießen!

Maja Nett

www.moeyskitchen.com

Rigatoni
Soba
Orecchiette
Conchiglie

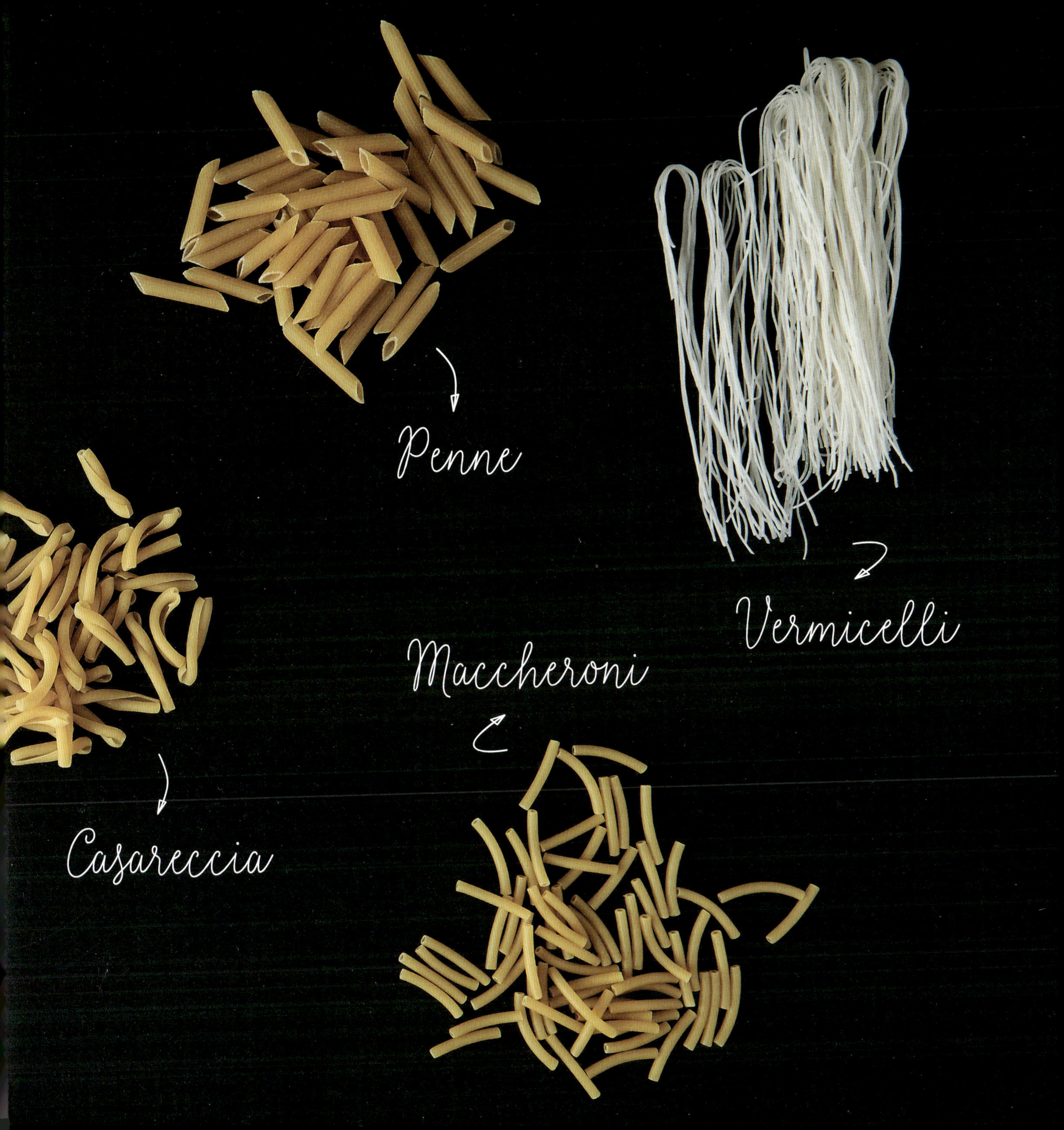
Penne
Vermicelli
Maccheroni
Casareccia

Kräuter
Topping
Fleisch
Fisch
Eier
Gemüse
Nudeln
Sauce

Pastasalat im Glas

Das Besondere an den Salaten in diesem Buch ist das Glas. Salate aus dem Glas sind im wahrsten Sinne des Wortes in aller Munde. Und das zu Recht! Das Glas dient nicht nur als Aufbewahrungs- und Transportbehälter, sondern auch als All-in-One-Lösung und Shaker.

Der Aufbau aller Salate in diesem Buch ist immer gleich und das hat auch einen bestimmten Grund: vorbei die Tage, an denen die kleinen Saucenbehälter mit dem Salatdressing in unserer Tasche ausgelaufen sind oder umständlich in Gefrierbeutel verpackt werden mussten. Vorbei die Zeiten, in denen wir uns die Salatschüssel zwischen die Knie geklemmt haben, um das Dressing darüber zu gießen, bevor wir vorsichtig alles durchmischten, damit nichts auf der Picknickdecke landete.

In diesem Buch kommt das Dressing immer als allererste Zutat ins Glas. Darüber wird als nächstes die Pasta gegeben – sie kann so richtig schön durchziehen und die Salatsauce aufnehmen, ohne dass die weiter darüber geschichteten Zutaten etwas abbekommen. Das ist der Trick! Nach der Pasta folgen dann meist Gemüse, Fleisch, Fisch oder Ei und ganz zum Schluss kommen frische Kräuter, Blattsalate oder Croûtons oben drüber. Die oberen Zutaten bleiben damit knackig-frisch und die gefüllten Salatgläser halten sich – je nach Zutaten – problemlos ein paar Tage im Kühlschrank.

Der zweite Trick ist, das Glas nicht zu voll zu machen. Der obere Teil sollte mindestens zu einem Drittel frei sein, wie man auch auf den Fotos in diesem Buch sieht. Denn anstatt die Zutaten vor der Verwendung umfüllen und durchmischen zu müssen, schüttelt man das gut verschlossene Glas einfach einige Sekunden lang kräftig mit beiden Händen, bis sich alle Zutaten gründlich mit dem Dressing vermengt haben. Fertig!

Und schon steht dem Salatvergnügen, für das man nicht mehr als ein Glas und eine Gabel braucht, nichts mehr im Wege!

Nimm 2!

Alle Rezepte im Buch sind für zwei Gläser ausgelegt. Warum? Das liegt einfach daran, dass ihr euch so nicht überlegen müsst, was ihr mit der anderen Avocado-Hälfte oder dem Stück Paprika machen sollt. Es erleichtert den Einkauf und vermeidet Reste, die später vielleicht im Müll landen. Außerdem hat es den angenehmen Nebeneffekt, dass ihr entweder gleich zwei Essen auf einmal vorbereitet habt oder mit euren Kollegen im Büro beziehungsweise mit euren Kommilitonen in der Uni teilen könnt. Wechselt euch so doch zum Beispiel mal ab und teilt euren Lunch. Das bringt Abwechslung ins Mittagessen und man muss sich nicht jeden Tag Gedanken um sein Mittagessen machen.

TIEFSTAPLER

So verlockend ein volles Glas auch aussieht, es ist nicht wirklich praktisch. Lasst beim Befüllen eurer Gläser nach oben hin immer mindestens ein Drittel des Volumens frei. Nur so könnt ihr die Salatmischung zum Servieren gründlich durchschütteln, damit sich alle Zutaten optimal vermischen.

Kein Gluten?

Kein Problem!

Ihr vertragt kein Gluten? Macht nichts! Mittlerweile gibt es im gut sortierten (Bio-) Supermarkt reichlich glutenfreie Pastaalternativen von Mais bis Reis. Probiert euch einfach mal durch und kombiniert immer wieder neu. Beachtet nur unbedingt vorher die Kochanleitung auf der Verpackung!

Alles frisch!

Generell gilt, dass sich die Salate alle problemlos einige Tage gut verschlossen im Glas im Kühlschrank halten sollten. Lediglich bei Fisch, Wurst oder Avocado sollte man aufpassen und diese Zutaten besser erst kurz vor dem Servieren über den Salat geben. Selbst Croûtons oben auf dem Salat bleiben tagelang knusprig, wenn sie nicht mit feuchten Zutaten in Berührung kommen. Es spricht also nichts dagegen sich bereits am Wochenende, wenn man Zeit und Muße hat, einige Salate für die kommende Woche vorzubereiten. Da das Dressing im Kühlschrank fest wird, sollte man alle Salate etwa 30 Minuten vor dem Verzehr aus dem Kühlschrank nehmen und bei Raumtemperatur stehen lassen. So vermischen sich die Zutaten am besten.

Ab ins Glas

Alle Rezepte in diesem Buch sind für Gläser mit einer Füllmenge zwischen 500 ml und 1 l ausgelegt. Je nach Volumen der Zutaten ist bei jedem Rezept schon die optimale Größe mit angegeben. Natürlich könnt ihr die Menge aber auch auf kleine Gläser verteilen, zum Beispiel für Vorspeisen oder Snacks vom Büfett. Denkt nur auch daran, bei den kleineren Gläsern genug Platz zum Durchschütteln zu lassen. Ob Schraubverschluss, Bügelglas oder Glasdeckel mit Gummiring und Klammern – wichtig ist nur, dass das Glas absolut dicht schließt, damit es beim Mischen keine bösen Überraschungen gibt. Erbsen oder Speckwürfeln verfangen sich gerne mal im Deckel von Bügelgläsern, Gurken oder Zucchini bleiben an Glasdeckeln schon mal kleben. Sucht eure Gläser nach Handlichkeit, Funktionalität und Design aus. Das Auge isst ja schließlich auch mit. Und wer doch mal eine größere Grillparty versorgen möchte, vervielfacht die Mengenangaben einfach und bereitet den Salat klassisch in einer großen Schüssel zu.

ROH ODER GEKOCHT?

Alle Rezepte in diesem Buch sehen vor, dass die Pasta frisch gekocht wird. Ein Teil des Kochwassers wird dabei immer zum Dressing gegeben. Ihr habt jetzt aber Nudelreste im Kühlschrank und wisst nicht wohin damit? Ab in den Salat und das Dressing einfach mit etwas Wasser strecken. Für die Umrechnung kann man in diesem Fall ganz grob über den Daumen peilen, dass man etwa das doppelte Gewicht an gekochter Pasta braucht, um es im Rezept gegen rohe Pasta auszutauschen.

1 Nudel – 1000 Möglichkeiten

Die verschiedenen Pastasorten in den Rezepten sind als Anregungen gedacht. Entweder weil sie besonders gut zu den restlichen Zutaten passen oder die Sauce besonders gut aufnehmen. Erlaubt ist aber, was schmeckt! Probiert ein Rezept mit eurer Lieblingspasta aus, mischt Pastareste zusammen oder probiert doch mal die Vollkornvariante aus. Die Vielfalt ist quasi unbegrenzt und ihr könnt immer variieren. Das gleiche gilt für die Dressingvarianten, die beliebig untereinander ausgetauscht werden können.

KEEP IT

simple!

FJÄLLRÄVEN
KÅNKEN

Nudelsalat Italiano

Schmeckt nicht nur fantastisch zum Grillfest: Allerlei leckere italienische Aromen finden sich in diesem klassischen Nudelsalat wieder. Wer mag, kann den Salat auch noch durch frische Tomaten und Mozzarellastücke ergänzen.

FÜR 2 GLÄSER (À 1 L)

FÜR DEN SALAT:
150 g Farfalle
2 EL Pinienkerne
75 g schwarze Oliven mit Stein
6 getrocknete Tomaten, in Öl eingelegt
50 g Rucola

FÜR DAS DRESSING:
1 EL frische italienische Kräuter
2 EL weißer Balsamico
4 EL natives Olivenöl extra
Meersalz
frisch gemahlener schwarzer Pfeffer

Die Pasta nach Packungsanleitung in reichlich Salzwasser bissfest kochen. Mit kaltem Wasser gut abschrecken, dann abtropfen lassen. 2 EL vom Kochwasser aufbewahren und abkühlen lassen.

Die Pinienkerne in einer Pfanne ohne Fett bei niedriger Temperatur rösten, bis sie leicht bräunen. Beiseitestellen und abkühlen lassen.

Die Oliven entsteinen. Die eingelegten Tomaten abtropfen lassen, dann fein hacken. Den Rucola gut waschen und trocken schleudern, dann grob hacken.

Für das Dressing die Kräuter gut waschen, trocken schütteln und fein hacken. Kräuter, Balsamico, Olivenöl und das aufgefangene Kochwasser in einer kleinen Schüssel kräftig mit einem Schneebesen verrühren. Vorsichtig mit Salz und Pfeffer abschmecken.

Das Dressing gleichmäßig auf zwei Gläser verteilen, dann die Pasta darübergeben. Den Rucola mit ins Glas geben, darüber dann die Oliven, Tomatenwürfel und Pinienkerne streuen.

Die Gläser gut verschließen und bis zur Verwendung in den Kühlschrank stellen. Vor dem Essen etwa 30 Minuten auf Raumtemperatur bringen, kräftig durchschütteln und direkt aus dem Glas genießen.

Nudelsalat mit Grünkohl und Cranberrys

Grünkohl entwickelt sich auch hierzulande immer mehr zum Superfood. Statt in schweren Eintöpfen kann man ihn auch roh wunderbar verarbeiten und wie hier mit Walnüssen, Cranberrys und Parmesan in einen frischen Wintersalat verwandeln. Auch als Pesto passt Grünkohl prima zu Nudelsalat!

FÜR 2 GLÄSER (À 1 L)

FÜR DEN SALAT:
150 g Fusilli
100 g frischer Grünkohl
30 g Walnusskerne
30 g getrocknete Cranberrys
20 g Parmesan, in Späne gehobelt

FÜR DAS DRESSING:
Saft von ½ Zitrone
4 EL Rapsöl
1 TL flüssiger Honig
Meersalz
frisch gemahlener schwarzer Pfeffer

Die Pasta nach Packungsanleitung in reichlich Salzwasser bissfest kochen. Mit kaltem Wasser gut abschrecken, dann abtropfen lassen. 2 EL vom Kochwasser aufbewahren und abkühlen lassen.

Den Grünkohl gründlich putzen, waschen, trocken schleudern und fein hacken.

Für das Dressing Zitronensaft, Rapsöl, Honig und das aufgefangene Kochwasser in einer kleinen Schüssel kräftig mit einem Schneebesen verrühren. Mit Salz und Pfeffer abschmecken.

Das Dressing gleichmäßig auf die beiden Gläser verteilen, dann die Pasta darübergeben. Den Grünkohl locker auf die Pasta schichten und mit Walnüssen, Cranberrys und Parmesanspänen bestreuen.

Die Gläser gut verschließen und bis zur Verwendung in den Kühlschrank stellen. Vor dem Essen etwa 30 Minuten auf Raumtemperatur bringen, kräftig durchschütteln und direkt aus dem Glas genießen.

Fountain of Youth
BEASTIN
BEASTIN

Nudelsalat mit Kichererbsen und Thunfisch

Ein echter Sattmacher und ein richtiges Proteinpaket mit Kichererbsen, Thunfisch und Ei! Statt Kichererbsen kann man den Salat auch wunderbar mit weißen Bohnen ausprobieren.

FÜR 2 GLÄSER (À 1 L)

FÜR DEN SALAT:
150 g Fusilli
2 Eier
50 g Rucola
175 g Kichererbsen aus der Dose
1 Dose Thunfisch im eigenen Saft
(150 g Abtropfgewicht)
2 Frühlingszwiebeln
einige Stiele glatte Petersilie

FÜR DAS DRESSING:
2 EL Zitronensaft
4 EL natives Olivenöl extra
1 Prise Zucker
Meersalz
frisch gemahlener schwarzer Pfeffer

Die Pasta nach Packungsanleitung in reichlich Salzwasser bissfest kochen. Mit kaltem Wasser gut abschrecken, dann abtropfen lassen. 2 EL vom Kochwasser aufbewahren und abkühlen lassen.

Die Eier anpiksen und in kochendem Wasser in 8–9 Minuten hart kochen. Mit kaltem Wasser abschrecken und abkühlen lassen.

Den Rucola gut waschen, trocken schleudern und grob hacken. Die Kichererbsen abgießen und unter fließendem Wasser abspülen. Den Thunfisch durch ein Sieb abgießen und etwas zerpflücken. Die Frühlingszwiebeln waschen, die Wurzelenden entfernen und den weißen und hellgrünen Teil in Ringe schneiden. Die Petersilie waschen und trocken schütteln. Die Blättchen abzupfen und fein hacken. Die Eier schälen und in grobe Stücke schneiden.

Für das Dressing Zitronensaft, Olivenöl, Zucker und das aufgefangene Kochwasser in einer kleinen Schüssel kräftig mit einem Schneebesen verrühren. Mit Salz und Pfeffer abschmecken.

Das Dressing gleichmäßig auf die beiden Gläser verteilen, dann die Pasta darübergeben. Den Rucola locker auf die Pasta schichten, darauf Kichererbsen, Thunfisch und Eier verteilen. Den Salat mit Frühlingszwiebeln und gehackter Petersilie bestreuen.

Die Gläser gut verschließen und bis zur Verwendung in den Kühlschrank stellen. Vor dem Essen etwa 30 Minuten auf Raumtemperatur bringen, kräftig durchschütteln und direkt aus dem Glas genießen.

Nudelsalat mit Wassermelone und Feta

Wassermelonen-Feta-Salat ist von Grillpartys nicht mehr wegzudenken und funktioniert auch hervorragend mit Pasta. Kernarme Mini-Wassermelonen sind besonders süß und saftig. 200 g Wassermelone entspricht dann etwa einer halben Mini-Wassermelone oder einer breiten Spalte einer normalen Wassermelone.

FÜR 2 GLÄSER (À 1 L)

FÜR DEN SALAT:
150 g Penne
200 g kernlose Wassermelone, ohne Schale
8 Cocktail-Rispentomaten
½ rote Zwiebel
100 g Feta
einige Minzeblättchen

FÜR DAS DRESSING:
2 EL Zitronensaft
4 EL natives Olivenöl extra
Meersalz
frisch gemahlener schwarzer Pfeffer

Die Pasta nach Packungsanleitung in reichlich Salzwasser bissfest kochen. Mit kaltem Wasser gut abschrecken, dann abtropfen lassen. 2 EL vom Kochwasser aufbewahren und abkühlen lassen.

Die Wassermelone in etwa 1 cm große Würfel schneiden. Die Tomaten waschen, trocknen und halbieren. Die Zwiebel schälen und in dünne Ringe schneiden. Den Feta grob zerkrümeln. Die Minze waschen, trocken schütteln und fein hacken.

Für das Dressing Zitronensaft, Olivenöl und das aufgefangene Kochwasser in einer kleinen Schüssel kräftig mit einem Schneebesen verrühren. Mit Salz und Pfeffer abschmecken.

Das Dressing gleichmäßig auf die beiden Gläser verteilen, dann die Pasta darübergeben. Die Wassermelone auf die Pasta schichten, die Tomaten dazugeben und die Zwiebelringe darauf verteilen. Mit dem Feta bestreuen.

Die Gläser gut verschließen und bis zur Verwendung in den Kühlschrank stellen. Vor dem Essen etwa 30 Minuten auf Raumtemperatur bringen, kräftig durchschütteln und direkt aus dem Glas genießen.

Klassischer Nudelsalat

Ein echter Klassiker, wie wir ihn noch von früher kennen! Statt der Fleischwurst kann man auch Wiener Würstchen in den Salat geben. Wer es fruchtiger mag, gibt kurz vorm Servieren noch einen klein geschnittenen Apfel zum Nudelsalat.

FÜR 2 GLÄSER (À 1 L)

FÜR DEN SALAT:
150 g Farfalle
2 Eier
100 g Fleischwurst am Stück
2 Gewürzgurken

FÜR DAS DRESSING:
2 EL Mayonnaise
2 EL saure Sahne
1 EL Gurkenwasser (von den Gewürzgurken)
Meersalz
frisch gemahlener schwarzer Pfeffer

Die Pasta nach Packungsanleitung in reichlich Salzwasser bissfest kochen. Mit kaltem Wasser gut abschrecken, dann abtropfen lassen. 2 EL vom Kochwasser aufbewahren und abkühlen lassen.

Die Eier anpiksen und in kochendem Wasser in 8–10 Minuten kochen. Danach abschrecken und abkühlen lassen.

Die Fleischwurst in ½ cm große Würfel schneiden. Die Gewürzgurken würfeln. Die Eier schälen und in Stücke schneiden.

Für das Dressing Mayonnaise, saure Sahne, Gurkenwasser und das aufgefangene Kochwasser in einer kleinen Schüssel kräftig mit einem Schneebesen verrühren. Mit Salz und Pfeffer abschmecken.

Das Dressing gleichmäßig auf die beiden Gläser verteilen, dann die Pasta darübergeben. Die Fleischwurst, die Gurkenwürfel und die Eier darauf verteilen.

Die Gläser gut verschließen und bis zur Verwendung in den Kühlschrank stellen. Vor dem Essen etwa 30 Minuten auf Raumtemperatur bringen, kräftig durchschütteln und direkt aus dem Glas genießen.

Nudelsalat mit Mango und Avocado

Mango und Avocado harmonieren wunderbar miteinander und werden hier noch durch den würzigen Rucola perfektioniert. Wer mag, kann den Salat noch prima mit Hüttenkäse oder Mozzarellakugeln ergänzen.

FÜR 2 GLÄSER (À 0,75 L)

FÜR DEN SALAT:
8 Lasagneplatten (etwa 150 g)
2 kleine Handvoll Rucola (etwa 40 g)
1 reife Mango
1 reife Avocado

FÜR DAS DRESSING:
2 EL weißer Balsamico
4 EL Walnussöl
1 TL Dijon-Senf
Meersalz
frisch gemahlener schwarzer Pfeffer

Die Lasagneplatten grob zerbrechen und in reichlich Salzwasser 8–10 Minuten (je nach Dicke) bissfest kochen. Mit kaltem Wasser gut abschrecken, dann abtropfen lassen. 2 EL vom Kochwasser aufbewahren und abkühlen lassen.

Den Rucola waschen und trocken schütteln. Grob hacken. Die Mango schälen und halbieren. Das Fruchtfleisch würfeln.

Für das Dressing Balsamico, Walnussöl, Senf und das aufgefangene Kochwasser in einer kleinen Schüssel kräftig mit einem Schneebesen verrühren. Mit Salz und Pfeffer abschmecken.

Das Dressing gleichmäßig auf die beiden Gläser verteilen, dann die Pasta darübergeben. Den Rucola auf die Pasta schichten und die Mango darauf verteilen.

Die Gläser gut verschließen und bis zur Verwendung in den Kühlschrank stellen. Vor dem Essen etwa 30 Minuten auf Raumtemperatur bringen.

Dann die Avocado halbieren, entsteinen und das Fruchtfleisch würfeln. Über dem Salat verteilen. Das Glas kräftig durchschütteln und den Salat direkt genießen.

lod
magazin
OWN

Nudelsalat mit Radicchio und Orangen

Radicchio und Orangen sind immer eine sichere Wahl. Der bittere Salat und die Süße der reifen Orangen ergeben einfach eine Traumkombination. Etwas milder wird der Salat, wenn man ihn mit rotem Chicorée statt Radicchio zubereitet. Die Pekannusskerne kann man problemlos durch Walnusskerne ersetzen.

FÜR 2 GLÄSER (À 1 L)

FÜR DEN SALAT:
150 g Orecchiette Pugliese
30 g Pekannusskerne
2 kleine Orangen
½ kleiner Radicchio

FÜR DAS DRESSING:
3 EL Orangensaft (von den Orangen)
2 TL Weißweinessig
4 EL Walnussöl
Meersalz
frisch gemahlener schwarzer Pfeffer

Die Pasta nach Packungsanleitung in reichlich Salzwasser bissfest kochen. Mit kaltem Wasser gut abschrecken, dann abtropfen lassen. 2 EL vom Kochwasser aufbewahren und abkühlen lassen.

Die Pekannüsse in einer kleinen Pfanne ohne Fett leicht anrösten, danach abkühlen lassen. Die Orangen filetieren, dabei den Saft auffangen und aus dem verbliebenen Fruchtfleisch herauspressen. Den Radicchio gut putzen, waschen, trocken schleudern und in Streifen schneiden.

Für das Dressing 3 EL vom aufgefangenen Orangensaft abmessen und mit Weißweinessig, Walnussöl und dem aufgefangenen Kochwasser in einer kleinen Schüssel mithilfe eines Schneebesens kräftig verrühren. Mit Salz und Pfeffer abschmecken.

Das Dressing gleichmäßig auf die beiden Gläser verteilen, dann die Pasta jeweils daraufgeben. Den Radicchio darüberschichten und zum Schluss die filetierten Orangen und gerösteten Pekannusskerne darauf verteilen.

Die Gläser gut verschließen und bis zur Verwendung in den Kühlschrank stellen. Vor dem Essen etwa 30 Minuten auf Raumtemperatur bringen, kräftig durchschütteln und direkt aus dem Glas genießen.

Nudelsalat mit weißen Bohnen und Sardellen

Frisch eingelegte Sardellenfilets bieten einen perfekten Kontrast zu den milden weißen Bohnen. Ein Salat, der an laue Sommernächte am Mittelmeer erinnert.

FÜR 2 GLÄSER (À 1 L)

FÜR DEN SALAT:
150 g Rigatoni
2 Eier
150 g weiße Cannellini-Bohnen aus der Dose
1 kleine rote Zwiebel
75 g in Essig eingelegte Sardellenfilets

FÜR DAS DRESSING:
2 Thymianzweige
2 EL Rotweinessig
4 EL natives Olivenöl extra
Meersalz
frisch gemahlener schwarzer Pfeffer

Die Pasta nach Packungsanleitung in reichlich Salzwasser bissfest kochen. Mit kaltem Wasser gut abschrecken, dann abtropfen lassen. 2 EL vom Kochwasser aufbewahren und abkühlen lassen.

Die Eier anpiksen und in kochendem Wasser in 8–10 Minuten kochen. Danach abschrecken und abkühlen lassen.

Die Bohnen unter fließendem Wasser abspülen und abtropfen lassen. Die Zwiebel schälen und in feine Ringe schneiden. Die Sardellen gut abtropfen lassen.

Für das Dressing den Thymian gut waschen, trocken schütteln, die Blättchen abzupfen und fein hacken. Thymian, Rotweinessig, Olivenöl und das aufgefangene Kochwasser in einer kleinen Schüssel kräftig mit einem Schneebesen verrühren. Mit Salz und Pfeffer abschmecken.

Das Dressing gleichmäßig auf die beiden Gläser verteilen, dann die Pasta darübergeben. Bohnen, Zwiebelringe und Sardellen darauf verteilen. Die Eier schälen und in Stücke schneiden. Auf den Salat geben.

Die Gläser gut verschließen und bis zur Verwendung in den Kühlschrank stellen. Vor dem Essen etwa 30 Minuten auf Raumtemperatur bringen, kräftig durchschütteln und direkt aus dem Glas genießen.

Nudelsalat mit Birnen, Walnüssen und Gorgonzola

Birne und Gorgonzola, das kennt man. Wenn dann noch milder Feldsalat und knackige Walnüsse ins Spiel kommen, erhält man einen vielfältigen Nudelsalat mit würzigen Aromen.

FÜR 2 GLÄSER (À 1 L)

FÜR DEN SALAT:
150 g Penne Rigate
75 g Feldsalat
1 reife, feste Birne
50 g Gorgonzola
30 g Walnusskerne

FÜR DAS DRESSING:
2 EL Weißweinessig
4 EL natives Olivenöl extra
1 TL Honig
Meersalz
frisch gemahlener schwarzer Pfeffer

Die Pasta nach Packungsanleitung in reichlich Salzwasser bissfest kochen. Mit kaltem Wasser gut abschrecken, dann abtropfen lassen. 2 EL vom Kochwasser aufbewahren und abkühlen lassen.

Den Feldsalat gut waschen, trocken schleudern und die Wurzelenden abschneiden. Die Birne gründlich waschen, vierteln, entkernen und in schmale Scheiben oder Stücke schneiden. Den Gorgonzola zwischen den Fingern grob zerbröseln, die Walnüsse grob hacken.

Für das Dressing Weißweinessig, Olivenöl, Honig und das aufgefangene Kochwasser in einer kleinen Schüssel kräftig mit einem Schneebesen verrühren. Mit Salz und Pfeffer abschmecken.

Das Dressing gleichmäßig auf die beiden Gläser verteilen, dann die Pasta darübergeben. Den Feldsalat locker auf die Pasta schichten und mit Birnenscheiben, zerkrümeltem Gorgonzola und Walnüssen bestreuen.

Die Gläser gut verschließen und bis zur Verwendung in den Kühlschrank stellen. Vor dem Essen etwa 30 Minuten auf Raumtemperatur bringen, kräftig durchschütteln und direkt aus dem Glas genießen.

Nudelsalat Caprese

**Der italienische Klassiker schlechthin:
reife Tomaten, kleine Mozzarellakugeln und reichlich Basilikum.
Dazu Pasta – was will man mehr?**

FÜR 2 GLÄSER (À 1 L)

FÜR DEN SALAT:
150 g Orecchiette
200 g Cocktail-Rispentomaten
einige Basilikumblättchen
125 g Mini-Mozzarellakugeln, abgetropft

FÜR DAS DRESSING:
2 EL Balsamico
4 EL natives Olivenöl extra
Meersalz
frisch gemahlener schwarzer Pfeffer

Die Pasta nach Packungsanleitung in reichlich Salzwasser bissfest kochen. Mit kaltem Wasser gut abschrecken, dann abtropfen lassen. 2 EL vom Kochwasser aufbewahren und abkühlen lassen.

Die Tomaten gut waschen und abtropfen lassen, dann halbieren. Die Basilikumblättchen waschen, trocken tupfen und fein hacken.

Für das Dressing Balsamico, Olivenöl und das aufgefangene Kochwasser in einer kleinen Schüssel kräftig mit einem Schneebesen verrühren. Mit Salz und Pfeffer abschmecken.

Das Dressing gleichmäßig auf die beiden Gläser verteilen, dann die Pasta darübergeben. Tomaten und Mozzarellakugeln auf die Pasta geben und mit gehacktem Basilikum bestreuen.

Die Gläser gut verschließen und bis zur Verwendung in den Kühlschrank stellen. Vor dem Essen etwa 30 Minuten auf Raumtemperatur bringen, kräftig durchschütteln und direkt aus dem Glas genießen.

CERVEZA ELABORADA
DENNY
PHAM
INSPIRED BY KOSTON

Griechischer Nudelsalat

Klassische griechische Aromen treffen hier auf leckere Pasta – das schmeckt wie Urlaub! Wer mag, kann den Salat auch noch gut mit bunter Paprika und Thunfisch aus der Dose ergänzen.

FÜR 2 GLÄSER (À 0,75 L)

FÜR DEN SALAT:
150 g Gnocchetti Sardi
75 g schwarze Oliven mit Stein
150 g Salatgurke
75 g Feta
1 rote Zwiebel

FÜR DAS DRESSING:
einige Stiele glatte Petersilie
2 EL Rotweinessig
4 EL natives Olivenöl extra
Meersalz
frisch gemahlener schwarzer Pfeffer

Die Pasta nach Packungsanleitung in reichlich Salzwasser bissfest kochen. Mit kaltem Wasser gut abschrecken, dann abtropfen lassen. 2 EL vom Kochwasser aufbewahren und abkühlen lassen.

Die Oliven halbieren und entsteinen. Die Salatgurke gut waschen, trocknen und in ½ cm dicke Scheiben schneiden. Die Scheiben vierteln. Den Feta grob zerkrümeln. Die Zwiebel schälen und in dünne Ringe schneiden.

Für das Dressing die Petersilie waschen, trocken schütteln und die Blättchen von den Stielen zupfen. Die Blättchen fein hacken. Petersilie, Rotweinessig, Olivenöl und das aufgefangene Kochwasser in einer kleinen Schüssel kräftig mit einem Schneebesen verrühren. Mit Salz und Pfeffer abschmecken.

Das Dressing gleichmäßig auf die beiden Gläser verteilen, dann die Pasta darübergeben. Die Gurken daraufgeben, dann die Zwiebelringe. Mit dem Feta bestreuen und zuletzt die Oliven darüber verteilen.

Die Gläser gut verschließen und bis zur Verwendung in den Kühlschrank stellen. Vor dem Essen etwa 30 Minuten auf Raumtemperatur bringen, kräftig durchschütteln und direkt aus dem Glas genießen.

Nudelsalat mit Gurke und Erdbeeren

Erdbeer-Gurken-Salat ist seit ein paar Jahren ein sehr beliebter Sommersalat. Und er funktioniert auch ganz wunderbar als Nudelsalat. Durch Mandelblättchen und Basilikum bekommt er noch etwas Biss und Würze. Wer es etwas ausgefallener mag, bestreut den Salat später noch mit Mohn.

FÜR 2 GLÄSER (À 0,75 L)

FÜR DEN SALAT:
150 g Fusilli
2 EL Mandelblättchen
½ Salatgurke
100 g Erdbeeren
einige Basilikumblättchen

FÜR DAS DRESSING:
2 EL weißer Balsamico
4 EL natives Olivenöl extra
Meersalz
frisch gemahlener schwarzer Pfeffer

Die Pasta nach Packungsanleitung in reichlich Salzwasser bissfest kochen. Mit kaltem Wasser gut abschrecken, dann abtropfen lassen. 2 EL vom Kochwasser aufbewahren und abkühlen lassen.

Die Mandelblättchen in einer Pfanne ohne Fett leicht anrösten, bis sie etwas bräunen. Abkühlen lassen. Die Salatgurke gut waschen, das Ende abschneiden und die Gurke in schmale Scheiben schneiden. Die Gurkenscheiben halbieren. Die Erdbeeren waschen, das Grün abschneiden und die Erdbeeren in feine Scheiben schneiden. Das Basilikum waschen, trocken schütteln und fein hacken.

Für das Dressing Balsamico, Olivenöl und das aufgefangene Kochwasser in einer kleinen Schüssel kräftig mit einem Schneebesen verrühren. Mit Salz und Pfeffer abschmecken.

Das Dressing gleichmäßig auf die beiden Gläser verteilen, dann die Pasta darübergeben. Die Gurke auf die Pasta schichten, die Erdbeeren dazugeben und die Mandelblättchen und das Basilikum darauf verteilen.

Die Gläser gut verschließen und bis zur Verwendung in den Kühlschrank stellen. Vor dem Essen etwa 30 Minuten auf Raumtemperatur bringen, kräftig durchschütteln und direkt aus dem Glas genießen.

Nudelsalat mit jungem Frühlingsgemüse

Dieser Salat macht Lust auf den Frühling! Zartes, junges Frühlingsgemüse wird fein gestiftelt und mit der Pasta bunt gemischt. Das Dressing ist dank Zitronensaft und Rapsöl frisch-säuerlich und passt hervorragend dazu. Statt Petersilie kann man auch frischen Bärlauch verwenden.

FÜR 2 GLÄSER (À 1 L)

FÜR DEN SALAT:
150 g Casarecce
100 g junger Kohlrabi
4 junge Radieschen
100 g junge Babykarotten
einige Stiele glatte Petersilie

FÜR DAS DRESSING:
1 EL Zitronensaft
3 EL Rapsöl
Meersalz
frisch gemahlener schwarzer Pfeffer

Die Pasta nach Packungsanleitung in reichlich Salzwasser bissfest kochen. Mit kaltem Wasser gut abschrecken, dann abtropfen lassen. 3 EL vom Kochwasser aufbewahren und abkühlen lassen.

Den Kohlrabi schälen. Erst in dünne Scheiben, dann in dünne Stifte schneiden. Die Radieschen waschen und die Wurzelenden abschneiden. Die Radieschen erst in Scheiben, dann in Stifte schneiden. Die Karotten schälen und die Wurzelenden abschneiden. Längs halbieren, in dünne Scheiben, dann in dünne Stifte schneiden. Die Petersilie waschen und trocken schütteln. Die Blättchen von den Stielen zupfen und fein hacken.

Für das Dressing Zitronensaft, Rapsöl und das aufgefangene Kochwasser in einer kleinen Schüssel kräftig mit einem Schneebesen verrühren. Mit Salz und Pfeffer abschmecken.

Das Dressing gleichmäßig auf die beiden Gläser verteilen, dann die Pasta darübergeben. Die Kohlrabistifte, Radieschenstifte und Karottenstifte daraufschichten. Mit der Petersilie bestreuen.

Die Gläser gut verschließen und bis zur Verwendung in den Kühlschrank stellen. Vor dem Essen etwa 30 Minuten auf Raumtemperatur bringen, kräftig durchschütteln und direkt aus dem Glas genießen.

Nudelsalat mit Blaubeeren und Champignons

Diese simple Kombination klingt auf den ersten Blick eher ungewöhnlich, schmeckt aber unheimlich mild und angenehm durch die Kombination aus süß-sauren Blaubeeren, mildem Babyspinat und frischen Champignons. Ob man weiße oder braune Champignons verwendet, ist reine Geschmackssache.

FÜR 2 GLÄSER (À 1 L)

FÜR DEN SALAT:
150 g Orecchiette
2 kleine Handvoll Babyspinat (etwa 40 g)
4 kleine Champignons
50 g Blaubeeren
50 g Manchego

FÜR DAS DRESSING:
2 EL weißer Balsamico
4 EL natives Olivenöl extra
Meersalz
frisch gemahlener schwarzer Pfeffer

Die Pasta nach Packungsanleitung in reichlich Salzwasser bissfest kochen. Mit kaltem Wasser gut abschrecken, dann abtropfen lassen. 2 EL vom Kochwasser aufbewahren und abkühlen lassen.

Den Spinat waschen und trocken schleudern. Die Champignons gut putzen und abbürsten. Die Stiele abschneiden und die Pilze in feine Scheiben schneiden. Die Blaubeeren unter Wasser abbrausen und abtropfen lassen. Den Manchego in Stücke schneiden.

Für das Dressing Balsamico, Olivenöl und das aufgefangene Kochwasser in einer kleinen Schüssel kräftig mit einem Schneebesen verrühren. Mit Salz und Pfeffer abschmecken.

Das Dressing gleichmäßig auf die beiden Gläser verteilen, dann die Pasta darübergeben. Den Spinat auf die Pasta schichten und Pilze, Blaubeeren und Manchego darüber verteilen.

Die Gläser gut verschließen und bis zur Verwendung in den Kühlschrank stellen. Vor dem Essen etwa 30 Minuten auf Raumtemperatur bringen, kräftig durchschütteln und direkt aus dem Glas genießen.

EVERYDAY

Lunch

Nudelsalat mit Rosenkohl, Maronen und Apfel

Das Dreiergespann Rosenkohl, Maronen, Apfel funktioniert in Herbst und Winter immer. Hier wird es noch durch Pecorino ergänzt und zu Nudeln gereicht – echtes Soulfood! Der Apfel sollte wirklich erst unmittelbar vor dem Servieren zum Salat gegeben werden, weil er sonst zu schnell braun wird.

FÜR 2 GLÄSER (À 1 L)

FÜR DEN SALAT:
150 g Caserecce Molisane
200 g Rosenkohl
100 g vorgegarte Maronen
30 g Pecorino, in Späne gehobelt
1 roter Apfel

FÜR DAS DRESSING:
2 EL weißer Balsamico
4 EL Walnussöl
1 EL Ahornsirup
Meersalz
frisch gemahlener schwarzer Pfeffer

Die Pasta nach Packungsanleitung in reichlich Salzwasser bissfest kochen. Mit kaltem Wasser gut abschrecken, dann abtropfen lassen. 2 EL vom Kochwasser aufbewahren und abkühlen lassen.

Den Rosenkohl putzen und die äußeren Blätter entfernen. Die einzelnen Röschen am Strunk festhalten und vorsichtig auf einer Reibe oder Mandoline in feine Streifen hobeln. Die Maronen in grobe Stücke hacken.

Für das Dressing Balsamico, Walnussöl, Ahornsirup und das aufgefangene Kochwasser in einer kleinen Schüssel kräftig mit einem Schneebesen verrühren. Mit Salz und Pfeffer abschmecken.

Das Dressing gleichmäßig auf die beiden Gläser verteilen, dann die Pasta darübergeben. Den Rosenkohl locker auf der Pasta verteilen und mit Maronen und Pecorinospänen bestreuen.

Die Gläser gut verschließen und bis zur Verwendung in den Kühlschrank stellen. Vor dem Essen etwa 30 Minuten auf Raumtemperatur bringen.

Dann den Apfel gründlich waschen, vierteln, entkernen und in schmale Scheiben oder Stücke schneiden. Über dem Salat verteilen. Das Glas kräftig durchschütteln und den Salat direkt genießen.

SESAME
EDAMAME
SOBA
SOBA NOODLES

Sobanudelsalat mit Edamame und Sesam

Edamame kennen viele als leckere Vorspeise vom Sushi essen. Man bekommt die tiefgefrorenen Sojabohnen mittlerweile in immer mehr Supermärkten oder im Asiamarkt. Sobanudeln sind entweder als Mischung aus Weizen- und Buchweizenmehl oder pur aus Buchweizenmehl erhältlich. Man bekommt sie entweder im Bio-Supermarkt oder im Asiamarkt, kann sie aber in diesem Salat auch einfach durch Vollkornspaghetti ersetzen.

FÜR 2 GLÄSER (À 0,5 L)

FÜR DEN SALAT:
150 g Sobanudeln
1 EL weiße Sesamsaat
125 g TK-Edamame (Sojabohnen)
2 Frühlingszwiebeln

FÜR DAS DRESSING:
2 EL Sojasauce
2 EL Sonnenblumenöl
2 TL Honig

Die Sobanudeln einmal durchbrechen und nach Packungsanleitung in reichlich Salzwasser gar kochen. Mit kaltem Wasser gut abschrecken, dann abtropfen lassen. 2 EL vom Kochwasser aufbewahren und abkühlen lassen.

Die Sesamsaat in einer kleinen Pfanne ohne Fett anrösten, dann abkühlen lassen. Wasser in einem kleinen Topf zum Kochen bringen und salzen. Die Edamame dazugeben, aufkochen und 4–6 Minuten kochen. Dann abgießen und mit kaltem Wasser abschrecken. Abtropfen lassen.

Die Frühlingszwiebeln waschen und die Wurzelenden abschneiden. Den weißen und hellgrünen Teil in Ringe schneiden.

Für das Dressing Sojasauce, Sonnenblumenöl, Honig und das aufgefangene Kochwasser in einer kleinen Schüssel kräftig mit einem Schneebesen verrühren.

Das Dressing gleichmäßig auf die beiden Gläser verteilen, dann die Sobanudeln darübergeben. Die Edamame daraufschichten und mit Frühlingszwiebeln und Sesam bestreuen.

Die Gläser gut verschließen und bis zur Verwendung in den Kühlschrank stellen. Vor dem Essen etwa 30 Minuten auf Raumtemperatur bringen, kräftig durchschütteln und direkt aus dem Glas genießen.

Vollkornspaghetti-Salat mit Gemüse und Rucola-Walnuss-Pesto

Zoodles, also Spaghetti aus Zucchini oder anderen Gemüsen, sind ein echter Trend. Mit einem Spiralisierer oder Julienneschneider kann man Gemüse wunderbar in Spaghettiform bringen. Kurz angedünstet oder als Rohkost verwendet, ergänzen sie die kernige Vollkornpasta perfekt. Tomaten sorgen für die nötige Frische, das Rucola-Walnuss-Pesto gibt Würze.

FÜR 2 GLÄSER (À 0,75 L)

FÜR DEN SALAT:
140 g Vollkornspaghetti
2 kleine Zucchini
2 Karotten
250 g Cocktail-Rispentomaten
20 g Grana Padano, in Späne gehobelt
Olivenöl zum Braten
Meersalz
frisch gemahlener schwarzer Pfeffer

FÜR DAS RUCOLA-WALNUSS-PESTO:
50 g Rucola
20 g Walnusskerne
25 g Grana Padano
4 EL natives Olivenöl extra
Meersalz
frisch gemahlener schwarzer Pfeffer

Die Spaghetti einmal durchbrechen, dann nach Packungsanleitung in reichlich Salzwasser bissfest kochen. Mit kaltem Wasser gut abschrecken, dann abtropfen lassen. 2 EL vom Kochwasser aufbewahren und abkühlen lassen.

Die Zucchini waschen, abtrocknen und die Enden abschneiden. Mit einem Spiral- oder Julienneschneider in feine Gemüsespaghetti schneiden. Etwas Olivenöl in einer Pfanne erhitzen und die Zucchinispaghetti 2–3 Minuten andünsten, dann abkühlen lassen.

Die Karotten schälen und die Enden abschneiden. Ebenfalls zu Gemüsespaghetti schneiden und in der Pfanne andünsten, dann abkühlen lassen. Die Tomaten waschen, abtrocknen und halbieren.

Für das Pesto den Rucola waschen und trocken schleudern. Rucola, Walnusskerne, Grana Padano, Olivenöl und Kochwasser in eine hohe Rührschüssel geben. Mit dem Pürierstab gut durchmixen. Mit Salz und Pfeffer abschmecken.

Das Pesto gleichmäßig auf die beiden Gläser verteilen, dann die Spaghetti darübergeben. Erst die Zucchinispaghetti, dann die Karottenspaghetti daraufgeben, zuletzt die Tomaten. Mit dem Grana Padano bestreuen.

Die Gläser gut verschließen und bis zur Verwendung in den Kühlschrank stellen. Vor dem Essen etwa 30 Minuten auf Raumtemperatur bringen, kräftig durchschütteln und direkt aus dem Glas genießen.

MADE IN ITALY

Asiatischer Glasnudelsalat mit Pak Choi und Saté-Sauce

Glasnudeln, Sambal Oelek und Ketjap Manis findet man in der Asiaabteilung des Supermarkts. Ketjap Manis, eine süße indonesische Sojasauce, kann man sonst auch einfach ersetzen, indem man Sojasauce verwendet und etwas Honig oder Zucker unterrührt.

FÜR 2 GLÄSER (À 0,75 L)

FÜR DEN SALAT:
160 g Glasnudeln
3 Baby-Pak-Choi
1 Karotte
2 Frühlingszwiebeln
einige Korianderstiele
2 EL geröstete und gesalzene Erdnüsse
Erdnussöl zum Braten

FÜR DIE SATÉ-SAUCE:
1 Schalotte
100 ml Gemüsebrühe
50 ml Kokosmilch
1–2 TL Sambal Oelek
1 EL cremige Erdnussbutter
2 EL Ketjap Manis
Saft von ½ Limette
Erdnussöl zum Braten
Meersalz
frisch gemahlener schwarzer Pfeffer

Die Glasnudeln nach Packungsanleitung in reichlich Salzwasser kochen. Mit kaltem Wasser gut abschrecken, dann abtropfen lassen und mit einer Schere mehrmals durchschneiden.

Für die Saté-Sauce die Schalotte schälen und fein würfeln. Etwas Erdnussöl in einem kleinen Topf erhitzen und die Schalottenwürfel darin andünsten. Mit Gemüsebrühe und Kokosmilch ablöschen und aufkochen. Sambal Oelek nach Geschmack und gewünschter Schärfe, Erdnussbutter und Ketjap Manis unterrühren. Die Sauce etwa 5 Minuten unter Rühren leicht köcheln lassen, bis sie eindickt. Vom Herd nehmen, den Limettensaft unterrühren und nach Bedarf mit Salz und Pfeffer abschmecken. Vollständig abkühlen lassen.

Den Pak Choi in einzelne Blätter zerteilen, waschen, trocken schütteln und grob hacken. Etwas Erdnussöl in einer kleinen Pfanne erhitzen und den Pak Choi 2–3 Minuten rundherum andünsten. Aus der Pfanne nehmen und abkühlen lassen.

Die Karotte schälen und die Enden abschneiden. Die Karotte auf einer Reibe grob raspeln. Die Frühlingszwiebeln waschen und die Wurzelenden abschneiden. Den weißen und hellgrünen Teil in Ringe schneiden. Den Koriander waschen, trocken schütteln, die Blättchen abzupfen und fein hacken.

Die Saté-Sauce auf die beiden Gläser verteilen, dann die Glasnudeln darübergeben. Pak Choi, Karotten und Frühlingszwiebeln darüberschichten und mit Erdnüssen und Koriander bestreuen.

Die Gläser gut verschließen und bis zur Verwendung in den Kühlschrank stellen. Vor dem Essen etwa 30 Minuten auf Raumtemperatur bringen, kräftig durchschütteln und direkt aus dem Glas genießen.

Tortellini-Salat

Wenn es mal schnell gehen muss, gibt es mittlerweile immer mehr frische, gefüllte Pastasorten im Kühlregal. In der vegetarischen Variante eignet sich hier vor allem Pasta mit Käse- oder Spinatfüllung.

FÜR 2 GLÄSER (À 0,75 L)

FÜR DEN SALAT:
250 g Tortellini mit Käsefüllung, aus dem Kühlregal
50 g Babyspinat
2 Roma-Rispentomaten
30 g Parmesan, in Späne gehobelt
einige Basilikumblättchen

FÜR DAS DRESSING:
2 EL weißer Balsamico
4 EL natives Olivenöl extra
1 TL Honig
Meersalz
frisch gemahlener schwarzer Pfeffer

Die Tortellini nach Packungsanleitung in reichlich Salzwasser bissfest kochen. Mit kaltem Wasser gut abschrecken, dann abtropfen lassen. 2 EL vom Kochwasser aufbewahren und abkühlen lassen.

Den Spinat waschen und trocken schleudern. Die Tomaten waschen, vierteln, den Strunk herausschneiden und die Tomatenviertel in Würfel schneiden. Das Basilikum waschen und trocken tupfen.

Für das Dressing Balsamico, Olivenöl, Honig und das aufgefangene Kochwasser in einer kleinen Schüssel kräftig mit einem Schneebesen verrühren. Mit Salz und Pfeffer abschmecken.

Das Dressing gleichmäßig auf die beiden Gläser verteilen, dann die Tortellini darübergeben. Den Spinat daraufschichten, dann die Tomaten, den Parmesan und das Basilikum darüber verteilen.

Die Gläser gut verschließen und bis zur Verwendung in den Kühlschrank stellen. Vor dem Essen etwa 30 Minuten auf Raumtemperatur bringen, kräftig durchschütteln und direkt aus dem Glas genießen.

CON AGUA DE MAR
ER BOQUERON
LÚPULO · LEVADURA · AGUA DE MAR

Retro-Nudelsalat mit Mandarinen und Kochschinken

Wer kennt ihn nicht mehr, den guten alten klassischen Nudelsalat mit Mandarinen aus der Dose? Hier wird er etwas modernisiert, indem ich frische Clementinen verwende. Die Erbsen kommen auch nicht aus der Dose, sondern aus dem Tiefkühler und werden nur kurz gekocht und dann kalt abgeschreckt.

FÜR 2 GLÄSER (À 1 L)

FÜR DEN SALAT:
150 g Hörnchennudeln
2 Eier
75 g junge Erbsen (TK)
100 g Kochschinken am Stück
1 Clementine
80 g Mais aus der Dose, abgetropft

FÜR DAS DRESSING:
2 EL Mayonnaise
2 EL Schmand
1 TL Zitronensaft
1 Prise Zucker
Meersalz
frisch gemahlener schwarzer Pfeffer

Die Pasta nach Packungsanleitung in reichlich Salzwasser bissfest kochen. Mit kaltem Wasser gut abschrecken, dann abtropfen lassen. 2 EL vom Kochwasser aufbewahren und abkühlen lassen.

Die Eier anpiksen und in kochendem Wasser in 8–10 Minuten kochen. Danach abschrecken und abkühlen lassen.

Wasser in einem kleinen Topf zum Kochen bringen und salzen. Die Erbsen dazugeben, aufkochen und etwa 2 Minuten köcheln lassen. Abgießen und mit kaltem Wasser abschrecken.

Den Kochschinken in ½ cm große Würfel schneiden. Die Clementine schälen und zerteilen. Je nach Größe die einzelnen Stücke ggf. halbieren. Die Eier schälen und in Scheiben schneiden.

Für das Dressing Mayonnaise, Schmand, Zitronensaft, Zucker und das aufgefangene Kochwasser in einer kleinen Schüssel kräftig mit einem Schneebesen verrühren. Mit Salz und Pfeffer abschmecken.

Das Dressing gleichmäßig auf die beiden Gläser verteilen, dann die Pasta darübergeben. Erbsen, Mais, Schinken und Clementine darauf verteilen. Die Eier daraufgeben.

Die Gläser gut verschließen und bis zur Verwendung in den Kühlschrank stellen. Vor dem Essen etwa 30 Minuten auf Raumtemperatur bringen, kräftig durchschütteln und direkt aus dem Glas genießen.

Caesar Pasta Salad

Ein echter Salatklassiker wird hier einfach um Pasta ergänzt. Wer kein rohes Ei im Dressing verwenden möchte, kann das Eigelb auch hart kochen und dann untermixen.

FÜR 2 GLÄSER (À 1 L)

FÜR DEN SALAT:
150 g Casarecce
2 Scheiben Kastenweißbrot
1 Romanasalat
30 g Parmesan, in Späne gehobelt
Butter zum Braten

FÜR DAS DRESSING:
1 Ei
2 Sardellenfilets
1 TL Kapern
1 Knoblauchzehe
4 EL natives Olivenöl extra
50 g saure Sahne
1 EL Zitronensaft
1 Spritzer Worcestersauce
Meersalz
frisch gemahlener schwarzer Pfeffer

Die Pasta nach Packungsanleitung in reichlich Salzwasser bissfest kochen. Mit kaltem Wasser gut abschrecken, dann abtropfen lassen.

Das Weißbrot würfeln. Etwas Butter in einer Pfanne erhitzen und die Brotwürfel langsam zu knusprigen Croûtons ausbraten. Abkühlen lassen.

Den Strunk vom Salat abschneiden und die Blätter in grobe Stücke schneiden. Waschen und trocken schleudern.

Für das Dressing Wasser in einem kleinen Topf zum Kochen bringen. Das Ei für 1 Minute ins kochende Wasser legen, dann abschrecken. Aufschlagen, das Eigelb in eine kleine Schüssel geben, das Eiweiß anderweitig verwenden.

Sardellen und Kapern abspülen und abtropfen lassen. Knoblauch schälen und grob hacken. Alles zum Eigelb geben. Olivenöl, saure Sahne, Zitronensaft und Worcestersauce hinzufügen. Im Mixer oder mit dem Pürierstab gründlich zu einem cremigen Dressing verrühren. Mit Salz und Pfeffer abschmecken.

Das Dressing gleichmäßig auf die beiden Gläser verteilen, dann die Pasta darübergeben. Den Salat daraufgeben, die Croûtons darüber verteilen und mit den Parmesanspänen bestreuen.

Die Gläser gut verschließen und bis zur Verwendung in den Kühlschrank stellen. Vor dem Essen etwa 30 Minuten auf Raumtemperatur bringen, kräftig durchschütteln und direkt aus dem Glas genießen.

CAESAR
PASTA SALAD

PO
GRA
ME
NA
TE

Nudelsalat mit Zucchini und Granatapfel

Dieser Nudelsalat ist leicht orientalisch angehaucht und bietet einen spannenden Kontrast aus süßen und säuerlichen Komponenten. Granatapfelsirup bekommt man im türkischen Supermarkt. Man kann ihn hier auch problemlos durch etwas mehr Granatapfelsaft aus den Kernen und etwas Zucker ersetzen.

FÜR 2 GLÄSER (À 0,75 L)

FÜR DEN SALAT:
150 g Spirelli
2 kleine Zucchini
1 kleiner Granatapfel
50 g Ziegenfrischkäse in Kräutermarinade
Olivenöl zum Braten
Meersalz

FÜR DAS DRESSING:
1 EL Granatapfelsaft (beim Entkernen aufgefangen)
1 EL Granatapfelsirup
1 EL Rotweinessig
4 EL Olivenöl
Meersalz
frisch gemahlener schwarzer Pfeffer

Die Pasta nach Packungsanleitung in reichlich Salzwasser bissfest kochen. Mit kaltem Wasser gut abschrecken, dann abtropfen lassen. 2 EL vom Kochwasser aufbewahren und abkühlen lassen.

Die Zucchini waschen und die Enden abschneiden. Zucchini in schmale Scheiben schneiden. Etwas Olivenöl in einer großen Pfanne leicht erhitzen und die Zucchinischeiben portionsweise langsam bei niedriger Temperatur ausbraten, bis sie leicht bräunen. Immer nur so viel Zucchinscheiben auf einmal braten, dass sie nicht übereinanderliegen. Mehrmals wenden. Auf Küchenpapier abtropfen lassen und leicht salzen.

Den Granatapfel halbieren und mit der Schnittfläche nach unten über eine große Schüssel halten. Mit der schmalen Seite eines stabilen Holzkochlöffels kräftig auf die Schale klopfen, bis alle Granatapfelkerne in die Schüssel gefallen sind.

Für das Dressing 1 EL Granatapfelsaft aus der Schüssel nehmen, ggf. dazu noch ein paar Kerne ausdrücken. Zusammen mit Granatapfelsirup, Rotweinessig, Olivenöl und aufgefangenem Kochwasser in einer kleinen Schüssel kräftig mit einem Schneebesen verrühren. Mit Salz und Pfeffer abschmecken.

Das Dressing gleichmäßig auf die beiden Gläser verteilen, dann die Pasta darübergeben. Zucchini darauf verteilen, dann nach Belieben mit Granatapfelkernen bestreuen. Zum Schluss den Ziegenfrischkäse darüberstreuen.

Die Gläser gut verschließen und bis zur Verwendung in den Kühlschrank stellen. Vor dem Essen etwa 30 Minuten auf Raumtemperatur bringen, kräftig durchschütteln und direkt aus dem Glas genießen.

Nudelsalat Panzanella

Ein wunderbarer Weg, um altbackene Brötchen oder Baguette zu verwerten. Der Brotsalat schmeckt besonders gut, wenn er nach dem Schütteln noch etwas durchziehen kann. Ist die rote Zwiebel zu scharf, kann man sie mit etwas Zucker bestreuen und danach gut abspülen.

FÜR 2 GLÄSER (À 1 L)

FÜR DEN SALAT:
150 g Conchiglie
2 Brötchen vom Vortag
200 g Cocktail-Rispentomaten
1 kleine rote Zwiebel
natives Olivenöl extra

FÜR DAS DRESSING:
einige Basilikumblättchen
2 EL Rotweinessig
4 EL natives Olivenöl extra
1 TL Honig
Meersalz
frisch gemahlener schwarzer Pfeffer

Die Pasta nach Packungsanleitung in reichlich Salzwasser bissfest kochen. Mit kaltem Wasser gut abschrecken, dann abtropfen lassen. 2 EL vom Kochwasser aufbewahren und abkühlen lassen.

Den Backofen auf 160 °C Ober- und Unterhitze vorheizen. Ein Backblech mit Backpapier belegen.

Die Brötchen in etwa 1½ cm große Stücke würfeln und auf dem Blech verteilen. Die Brotwürfel mit etwas Olivenöl beträufeln. Im vorgeheizten Ofen auf der mittleren Schiene 5–10 Minuten rösten. Vollständig abkühlen lassen.

Die Tomaten gut waschen, abtropfen lassen und halbieren. Die Zwiebel schälen und in dünne Ringe schneiden.

Für das Dressing Basilikum waschen, trocken schütteln und fein hacken. Basilikum, Rotweinessig, Olivenöl, Honig und das aufgefangene Kochwasser in einer kleinen Schüssel kräftig mit einem Schneebesen verrühren. Mit Salz und Pfeffer abschmecken.

Das Dressing gleichmäßig auf die beiden Gläser verteilen, dann die Pasta darübergeben. Die Tomaten und Zwiebelringe dazugeben, dann die Brotwürfel darüberstreuen.

Die Gläser gut verschließen und bis zur Verwendung in den Kühlschrank stellen. Vor dem Essen etwa 30 Minuten auf Raumtemperatur bringen, kräftig durchschütteln und direkt aus dem Glas genießen.

SHAKE ME!
2 BRÖTCHEN
1 Zwiebel
200 gr. TOMATEN
HAMMER DRESSING
*150 gr. CONCHIGLIE
PANZANELLA

Asiatischer Nudelsalat mit Sesam und Gemüse

Chinesische Mie-Nudeln, Reisessig und geröstetes Sesamöl findet man in der Asiaabteilung des Supermarkts. Knackiger Rotkohl passt hier hervorragend zu den asiatischen Aromen im Salat. Für eine vegane Variante kann man die Hähnchenbrust einfach weglassen.

FÜR 2 GLÄSER (À 1 L)

FÜR DEN SALAT:
130 g chinesische Mie-Nudeln (2 Nester)
1 Hähnchenbrustfilet (etwa 150 g)
100 g Rotkohl am Stück
1 Karotte
2 Frühlingszwiebeln
2 EL Cashewkerne
Sonnenblumenöl zum Braten
Meersalz
frisch gemahlener schwarzer Pfeffer

FÜR DAS DRESSING:
1 Stück Ingwerwurzel (1 cm)
2 EL Reisessig
2 EL Sojasauce
3 EL Sonnenblumenöl
1 EL geröstetes Sesamöl
2 EL weiße Sesamsaat
Meersalz
frisch gemahlener schwarzer Pfeffer

Die Mie-Nudeln nach Packungsanleitung in reichlich Salzwasser kochen. Mit kaltem Wasser gut abschrecken, dann abtropfen lassen und mit einer Schere mehrmals durchschneiden.

Etwas Sonnenblumenöl in einer kleinen Pfanne erhitzen. Das Hähnchenbrustfilet trocken tupfen, mit Salz und Pfeffer würzen. Bei mittlerer Hitze je nach Dicke von beiden Seiten 6–8 Minuten braten, bis die Hähnchenbrust gar ist. Danach abkühlen lassen.

Den Rotkohl auf einer Mandoline oder Reibe grob raspeln oder mit einem scharfen Messer in feine Streifen schneiden. Die Karotte schälen und die Enden abschneiden. Die Karotte auf einer Reibe grob raspeln. Die Frühlingszwiebeln waschen und die Wurzelenden abschneiden. Den weißen und hellgrünen Teil in Ringe schneiden. Die ausgekühlte Hähnchenbrust in gleichmäßige Stücke schneiden.

Für das Dressing den Ingwer schälen und fein reiben. Zusammen mit Reisessig, Sojasauce, Sonnenblumen- und Sesamöl in einer kleinen Schüssel kräftig mit einem Schneebesen verrühren. Mit Salz und Pfeffer abschmecken und die Sesamsaat unterrühren.

Das Dressing gleichmäßig auf die beiden Gläser verteilen, dann die Mie-Nudeln darübergeben. Den Rotkohl und die Karottenraspel ins Glas schichten. Die Hähnchenbrust darüber verteilen und mit Frühlingszwiebeln und Cashewkernen bestreuen.

Die Gläser gut verschließen und bis zur Verwendung in den Kühlschrank stellen. Vor dem Essen etwa 30 Minuten auf Raumtemperatur bringen, kräftig durchschütteln und direkt aus dem Glas genießen.

Mexikanischer Nudelsalat

Dieser Salat enthält alle Komponenten, die ich auch in einer Burrito Bowl mag. Statt Reis passen sie hier hervorragend zu Pasta. Wer es noch authentischer mag, verwendet echten Queso fresco aus dem Feinkostladen und ergänzt den Salat um schwarze Bohnen. Die Avocado sollte erst kurz vor dem Servieren über den Salat gegeben werden, weil sie sonst schnell braun wird.

FÜR 2 GLÄSER (À 1 L)

FÜR DEN SALAT:
150 g Muschelnudeln
150 g Cocktail-Rispentomaten
50 g junger Gouda am Stück
2 Frühlingszwiebeln
einige Korianderstiele
75 g Mais aus der Dose
1 Avocado

FÜR DAS DRESSING:
2 EL Schmand
2 EL saure Sahne
1 TL Zitronensaft
Meersalz
frisch gemahlener schwarzer Pfeffer

Die Pasta nach Packungsanleitung in reichlich Salzwasser bissfest kochen. Mit kaltem Wasser gut abschrecken, dann abtropfen lassen. 2 EL vom Kochwasser aufbewahren und abkühlen lassen.

Die Tomaten waschen, abtrocknen und halbieren. Den Gouda auf einer Reibe grob raspeln. Die Frühlingszwiebeln waschen und die Wurzelenden abschneiden. Den weißen und hellgrünen Teil in Ringe schneiden. Den Koriander waschen, trocken schütteln, die Blättchen abzupfen und fein hacken.

Für das Dressing Schmand, saure Sahne, Zitronensaft und das aufgefangene Kochwasser in einer kleinen Schüssel kräftig mit einem Schneebesen verrühren. Mit Salz und Pfeffer abschmecken.

Das Dressing gleichmäßig auf die beiden Gläser verteilen, dann die Pasta darübergeben. Tomaten, Mais, Frühlingszwiebeln und Gouda daraufschichten und mit Koriander bestreuen.

Die Gläser gut verschließen und bis zur Verwendung in den Kühlschrank stellen. Vor dem Essen etwa 30 Minuten auf Raumtemperatur bringen.

Dann die Avocado halbieren, entsteinen und das Fruchtfleisch würfeln. Über dem Salat verteilen. Das Glas kräftig durchschütteln und den Salat direkt genießen.

Nudelsalat mit grünen Bohnen

Klassischer Bohnensalat mit Speck und Zwiebeln findet hier eine wunderbare Ergänzung durch Pasta. Tomaten sorgen für etwas Frische. Wer mag, kann den Salat noch prima um Walnusskerne oder Pinienkerne ergänzen und so für eine knackige Note sorgen.

FÜR 2 GLÄSER (À 1 L)

FÜR DEN SALAT:
150 g Fusilli
200 g TK-Prinzessbohnen
150 g Cocktail-Rispentomaten

FÜR DAS DRESSING:
1 rote Zwiebel
100 g geräucherter Bauchspeck, am Stück
75 ml Gemüsebrühe
1 EL Rotweinessig
3 EL Walnussöl
1 TL Honig
Olivenöl zum Braten
Meersalz
frisch gemahlener schwarzer Pfeffer

Die Pasta nach Packungsanleitung in reichlich Salzwasser bissfest kochen. Mit kaltem Wasser gut abschrecken, dann abtropfen lassen.

Wasser in einem kleinen Topf zum Kochen bringen, salzen. Die Prinzessbohnen dazugeben und 10 Minuten leicht köcheln lassen. Danach abgießen und mit kaltem Wasser abschrecken. Die Tomaten waschen, abtrocknen und halbieren.

Für das Dressing die Zwiebel schälen und würfeln. Den Speck erst in Streifen, dann in Würfel schneiden. Eine kleine Pfanne mit etwas Olivenöl auf mittlere Temperatur erhitzen und die Speckwürfel darin knusprig braten. Die Zwiebelwürfel dazugeben und leicht Farbe nehmen lassen. Auskühlen lassen.

Gemüsebrühe, Rotweinessig, Walnussöl und Honig in einer kleinen Schüssel kräftig mit einem Schneebesen verrühren. Zwiebel- und Speckwürfelchen unterrühren. Mit Salz und Pfeffer abschmecken.

Das Dressing gleichmäßig auf die beiden Gläser verteilen, dann die Pasta darübergeben. Bohnen und Tomaten darauf verteilen.

Die Gläser gut verschließen und bis zur Verwendung in den Kühlschrank stellen. Vor dem Essen etwa 30 Minuten auf Raumtemperatur bringen, kräftig durchschütteln und direkt aus dem Glas genießen.

Nudelsalat mit Avocado und Bacon

Alles schmeckt besser mit Bacon! Und so auch dieser cremige Nudelsalat mit Avocado. Die Avocado sollte erst unmittelbar vor dem Servieren zum Salat gegeben werden, da sie sonst schnell braun wird. Wer es noch etwas gehaltvoller mag, kann den Salat prima um ein hart gekochtes Ei in Stücke geschnitten ergänzen.

FÜR 2 GLÄSER (À 1 L)

FÜR DEN SALAT:
150 g Penne Rigate
10 Streifen Bacon
1 kleine rote Zwiebel
12 Cocktail-Rispentomaten
1 Avocado

FÜR DAS DRESSING:
2 EL Mayonnaise
2 EL saure Sahne
1 Spritzer Balsamico
Meersalz
frisch gemahlener schwarzer Pfeffer

Die Pasta nach Packungsanleitung in reichlich Salzwasser bissfest kochen. Mit kaltem Wasser gut abschrecken, dann abtropfen lassen. 2 EL vom Kochwasser aufbewahren und abkühlen lassen.

Eine beschichtete Pfanne auf mittlere Temperatur erhitzen. Die Baconstreifen ohne weitere Fettzugabe langsam knusprig ausbraten. Auf Küchenpapier abtropfen, abkühlen lassen und grob zerbrechen.

Die Zwiebel schälen und in dünne Ringe schneiden. Die Tomaten waschen, abtrocknen und halbieren.

Für das Dressing Mayonnaise, saure Sahne, Balsamico und aufgefangenes Kochwasser in einer kleinen Schüssel kräftig mit einem Schneebesen verrühren. Mit Salz und Pfeffer abschmecken.

Das Dressing gleichmäßig auf die beiden Gläser verteilen, dann die Pasta darübergeben. Tomaten, Zwiebelringe und Baconstücke daraufgeben.

Die Gläser gut verschließen und bis zur Verwendung in den Kühlschrank stellen. Vor dem Essen etwa 30 Minuten auf Raumtemperatur bringen.

Dann die Avocado halbieren, entsteinen und das Fruchtfleisch würfeln. Über dem Salat verteilen. Das Glas kräftig durchschütteln und den Salat direkt genießen.

AVOCADO-BACON
TOMATO HEAVEN

KIUCHI BREWERY
Product of Japan
7.0%alc./vol.

Nudelsalat Taco Style

Taco-Salat funktioniert auch prima mit Pasta, hier in der vegetarischen Variante. Wer mag, fügt dem Salat noch Hüttenkäse hinzu. Wer es außerdem noch deftiger mag, kann den Salat um krümelig gebratenem, mit Salz und Pfeffer gewürztem Rinderhackfleisch und einem Klecks Schmand ergänzen.

FÜR 2 GLÄSER (À 1 L)

FÜR DEN SALAT:
150 g Penne
100 g Kidneybohnen aus der Dose
1 rote Paprikaschote
150 g Cocktail-Rispentomaten
75 g Mais aus der Dose
eine kleine Handvoll Tortilla-Chips

FÜR DAS DRESSING:
75 g Naturjoghurt
2 EL Limettensaft
1 Prise Zucker
Meersalz
frisch gemahlener schwarzer Pfeffer

Die Pasta nach Packungsanleitung in reichlich Salzwasser bissfest kochen. Mit kaltem Wasser gut abschrecken, dann abtropfen lassen. 2 EL vom Kochwasser aufbewahren und abkühlen lassen.

Die Kidneybohnen unter fließendem Wasser abspülen und abtropfen lassen. Die Paprika waschen, abtrocknen, vierteln, entkernen und in Würfel schneiden. Die Tomaten waschen, abtrocknen und halbieren. Die Tortilla-Chips in kleinere Stücke zerbrechen.

Für das Dressing Joghurt, Limettensaft, Zucker und das aufgefangene Kochwasser in einer kleinen Schüssel kräftig mit einem Schneebesen verrühren. Mit Salz und Pfeffer abschmecken.

Das Dressing gleichmäßig auf die beiden Gläser verteilen, dann die Pasta darübergeben. Tomaten, Paprika, Mais und Kidneybohnen daraufschichten und mit den Tortilla-Chips bestreuen.

Die Gläser gut verschließen und bis zur Verwendung in den Kühlschrank stellen. Vor dem Essen etwa 30 Minuten auf Raumtemperatur bringen, kräftig durchschütteln und direkt aus dem Glas genießen.

Cremiger Nudelsalat mit Erbsen und Pancetta

Milde junge Erbsen und knusprig ausgebratener Pancetta sind immer eine gute Kombination. Kommt dann noch ein cremiges Mascarpone-Zitronen-Dressing ins Spiel, kann dabei nur etwas Gutes herauskommen. Wer keinen Pancetta bekommt, kann einfach Bauchspeck oder Bacon verwenden.

FÜR 2 GLÄSER (À 0,75 L)

FÜR DEN SALAT:
150 g Hörnchennudeln
150 g junge Erbsen (TK)
100 g Pancetta
2 EL Pinienkerne

FÜR DAS DRESSING:
50 g Mascarpone
1 EL saure Sahne
1 TL Zitronensaft
Meersalz
frisch gemahlener schwarzer Pfeffer

Die Pasta nach Packungsanleitung in reichlich Salzwasser bissfest kochen. Mit kaltem Wasser gut abschrecken, dann abtropfen lassen. 2 EL vom Kochwasser aufbewahren und abkühlen lassen.

Wasser in einem kleinen Topf zum Kochen bringen und salzen. Die Erbsen dazugeben, aufkochen und etwa 2 Minuten köcheln lassen. Abgießen und mit kaltem Wasser abschrecken.

Den Pancetta würfeln und in einer kleinen Pfanne ohne Fett bei mittlerer Temperatur knusprig ausbraten. Auf Küchenpapier abtropfen lassen.

Die Pinienkerne in einer Pfanne ohne Fett kurz anrösten, bis sie leicht bräunen. Abkühlen lassen.

Für das Dressing Mascarpone, saure Sahne, Zitronensaft und das aufgefangene Kochwasser in einer kleinen Schüssel kräftig mit einem Schneebesen verrühren. Mit Salz und Pfeffer abschmecken.

Das Dressing gleichmäßig auf die beiden Gläser verteilen, dann die Pasta darübergeben. Erbsen, Pancetta und Pinienkerne darüberstreuen.

Die Gläser gut verschließen und bis zur Verwendung in den Kühlschrank stellen. Vor dem Essen etwa 30 Minuten auf Raumtemperatur bringen, kräftig durchschütteln und direkt aus dem Glas genießen.

Cor
Ext
35.5cl/355ml
BEER-BIERE
CERVEJA-BIER
CERVECERIA MODELO
MEXICO

Nudelsalat mit Ziegenkäse, Äpfel und Speck

Ein deftiger Salat mit ausgelassenem Speck, Ziegenkäse und süßen Äpfeln. Erinnert an einen Urlaub in Südtirol und passt eigentlich immer. Die Äpfel sollten erst kurz vor dem Servieren über den Salat gegeben werden, weil sie sonst zu schnell braun werden.

FÜR 2 GLÄSER (À 0,75 L)

FÜR DEN SALAT:
150 g Maccheroni
100 g geräucherter Bauchspeck, am Stück
½ Ziegenkäserolle (etwa 100 g)
2 kleine rote Äpfel

FÜR DAS DRESSING:
1 TL frische Thymianblättchen
2 EL weißer Balsamico
4 EL Rapsöl
1 TL Honig
Meersalz
frisch gemahlener schwarzer Pfeffer

Die Pasta nach Packungsanleitung in reichlich Salzwasser bissfest kochen. Mit kaltem Wasser gut abschrecken, dann abtropfen lassen. 2 EL vom Kochwasser aufbewahren und abkühlen lassen.

Den Speck erst in Streifen, dann in Würfel schneiden. Eine kleine beschichtete Pfanne auf mittlere Temperatur erhitzen und die Speckwürfel ohne weitere Fettzugabe knusprig anbraten. Die Temperatur herunterschalten und den Speck langsam ausbraten. Danach auf etwas Küchenpapier abtropfen und abkühlen lassen.

Die Ziegenkäserolle in etwa 1 cm breite Taler schneiden, diese dann vierteln.

Für das Dressing die Thymianblättchen waschen, trocken schütteln, fein hacken und mit Balsamico, Rapsöl, Honig und dem aufgefangenen Kochwasser in einer kleinen Schüssel kräftig mit einem Schneebesen verrühren. Mit Salz und Pfeffer abschmecken.

Das Dressing gleichmäßig auf die beiden Gläser verteilen, dann die Pasta darübergeben. Den Ziegenkäse und den Speck darüber verteilen.

Die Gläser gut verschließen und bis zur Verwendung in den Kühlschrank stellen. Vor dem Essen etwa 30 Minuten auf Raumtemperatur bringen.

Dann die Äpfel gründlich waschen, vierteln, entkernen und in schmale Scheiben oder Stücke schneiden. Über dem Salat verteilen. Das Glas kräftig durchschütteln und den Salat direkt genießen.

Nudelsalat mit Hähnchenbrust und Brokkoli

Diesen Salat kann man besonders gut mit Vollkornpasta zubereiten. Noch gesünder und leichter wird er außerdem, wenn man die Mayonnaise für das Dressing weglässt. Wichtig ist, dass das pochierte Hähnchen erst komplett auskühlt, bevor man es zerzupft.

FÜR 2 GLÄSER (À 1 L)

FÜR DEN SALAT:
150 g Penne Rigate
250 ml Gemüsebrühe
1 Hähnchenbrustfilet (etwa 150 g)
1 kleiner Brokkoli
10 Cocktail-Rispentomaten

FÜR DAS DRESSING:
75 g Naturjoghurt
1 EL Mayonnaise
1 EL Schmand
1 TL Zitronensaft
Meersalz
frisch gemahlener schwarzer Pfeffer

Die Pasta nach Packungsanleitung in reichlich Salzwasser bissfest kochen. Mit kaltem Wasser gut abschrecken, dann abtropfen lassen. 2 EL vom Kochwasser aufbewahren und abkühlen lassen.

Die Gemüsebrühe in einem kleinen Topf zum Kochen bringen. Die Hähnchenbrust trocken tupfen und in die kochende Gemüsebrühe legen. Bei schwacher Hitze und geschlossenem Deckel 8–10 Minuten sanft pochieren, bis das Fleisch durchgegart ist. Aus der Brühe nehmen und abkühlen lassen.

Wasser in einem kleinen Topf zum Kochen bringen und salzen. Die Brokkoliröschen in kleinere Stücke schneiden und 2–3 Minuten bei geschlossenem Deckel dünsten. Danach abgießen und mit kaltem Wasser abschrecken. Die Tomaten waschen, abtrocknen und halbieren.

Für das Dressing Joghurt, Mayonnaise, Schmand, Zitronensaft und das aufgefangene Kochwasser in einer kleinen Schüssel kräftig mit einem Schneebesen verrühren. Mit Salz und Pfeffer abschmecken.

Das Dressing gleichmäßig auf die beiden Gläser verteilen, dann die Pasta darübergeben. Die Brokkoliröschen auf die Pasta schichten und die Tomaten dazugeben. Die abgekühlte Hähnchenbrust in Stücke zupfen und auf dem Salat verteilen.

Die Gläser gut verschließen und bis zur Verwendung in den Kühlschrank stellen. Vor dem Essen etwa 30 Minuten auf Raumtemperatur bringen, kräftig durchschütteln und direkt aus dem Glas genießen.

Nudelsalat mit Mettbällchen und Erbsen

Die kleinen würzigen Mettbällchen in diesem Salat passen hervorragend zu den milden Erbsen. Statt klassischer Tomatensauce habe ich mir ein cremiges Dressing gewünscht. Einer meiner Lieblings-Nudelsalate! Statt Schweinemett kann man natürlich auch gemischtes Hackfleisch oder reines Rinderhack verwenden.

FÜR 2 GLÄSER (À 1 L)

FÜR DEN SALAT:
150 g Farfalle
200 g Schweinemett
1 EL Paniermehl
1 Ei
1 Schalotte
einige Stiele glatte Petersilie
150 g junge Erbsen (TK)
2 Frühlingszwiebeln
Sonnenblumenöl zum Braten

FÜR DAS DRESSING:
2 EL Schmand
1 EL saure Sahne
1 EL Mayonnaise
1 TL Zitronensaft
Meersalz
frisch gemahlener schwarzer Pfeffer

Die Pasta nach Packungsanleitung in reichlich Salzwasser bissfest kochen. Mit kaltem Wasser gut abschrecken, dann abtropfen lassen. 2 EL vom Kochwasser aufbewahren und abkühlen lassen.

Das Mett zusammen mit Paniermehl und Ei in eine Schüssel geben. Die Schalotte schälen und fein würfeln. Die Petersilie waschen und trocken schütteln. Fein hacken.

Schalottenwürfel und Petersilie zum Mett geben und die Masse mit den Händen gut durchmischen. Zu etwa 2 cm großen Hackbällchen formen.

Öl in einer großen Pfanne erhitzen. Die Mettbällchen bei niedriger Temperatur langsam von beiden Seiten 8–10 Minuten braten, bis sie gar sind. Auf Küchenpapier abtropfen und abkühlen lassen.

Wasser in einem kleinen Topf zum Kochen bringen und salzen. Die Erbsen dazugeben, aufkochen und etwa 2 Minuten köcheln lassen. Abgießen und mit kaltem Wasser abschrecken.

Die Frühlingszwiebeln waschen und die Wurzelenden abschneiden. Den weißen und hellgrünen Teil in Ringe schneiden.

Für das Dressing Schmand, saure Sahne, Mayonnaise, Zitronensaft und das aufgefangene Kochwasser in einer kleinen Schüssel kräftig mit einem Schneebesen verrühren. Mit Salz und Pfeffer abschmecken.

Das Dressing gleichmäßig auf die beiden Gläser verteilen, dann die Pasta darübergeben. Die Erbsen auf die Pasta geben und die Hackbällchen daraufsetzen. Mit den Frühlingszwiebeln bestreuen.

Die Gläser gut verschließen und bis zur Verwendung in den Kühlschrank stellen. Vor dem Essen etwa 30 Minuten auf Raumtemperatur bringen, kräftig durchschütteln und direkt aus dem Glas genießen.

THINK

big!

Butternut-Nudelsalat mit Haselnüssen und Salbei

Ofenkürbis alleine ist geschmacklich schon eine Wucht. Wenn dann noch Salbei, Haselnüsse und Gorgonzola ins Spiel kommen: Das kann nur ein Herbstliebling werden!

FÜR 2 GLÄSER (À 1 L)

FÜR DEN SALAT:
150 g Fusilli
1 kleiner Butternut-Kürbis (etwa 700 g)
1 kleine Handvoll frischer Salbei
30 g Haselnusskerne
50 g Gorgonzola
natives Olivenöl extra
Meersalz
frisch gemahlener schwarzer Pfeffer

FÜR DAS DRESSING:
2 EL weißer Balsamico
4 EL natives Olivenöl extra
1 TL Dijon-Senf
1 TL Honig
Meersalz
frisch gemahlener schwarzer Pfeffer

Die Pasta nach Packungsanleitung in reichlich Salzwasser bissfest kochen. Mit kaltem Wasser gut abschrecken, dann abtropfen lassen. 2 EL vom Kochwasser aufbewahren und abkühlen lassen.

Den Backofen auf 200 °C Ober- und Unterhitze vorheizen und ein Backblech mit Backpapier belegen.

Den Kürbis schälen, vierteln, die Enden und das Kerngehäuse herausschneiden. Das Fruchtfleisch in etwa 2 cm große Würfel schneiden. Die Kürbisstücke gleichmäßig auf dem Backblech verteilen.

Die Salbeiblättchen von den Stielen zupfen, waschen, trocken tupfen und rund um den Kürbis verteilen.

Kürbis und Salbei mit 2–3 EL Olivenöl beträufeln und mit etwas Salz und Pfeffer bestreuen. Im vorgeheizten Ofen auf der mittleren Schiene 20–25 Minuten backen, bis der Kürbis gar ist. Dabei ggf. nach der Hälfte der Zeit einmal durchmischen. In den letzten 5 Minuten der Backzeit die Haselnusskerne mit auf dem Blech verteilen und kurz mitrösten. Danach aus dem Ofen nehmen und alles vollständig auf dem Blech abkühlen lassen. Währenddessen den Gorgonzola grob zerkrümeln.

Für das Dressing Balsamico, Olivenöl, Dijon-Senf, Honig und das aufgefangene Kochwasser in einer kleinen Schüssel kräftig mit einem Schneebesen verrühren. Mit Salz und Pfeffer abschmecken.

Das Dressing gleichmäßig auf die beiden Gläser verteilen, dann die Pasta darübergeben. Den abgekühlten Kürbis mit dem Salbei und den Haselnusskernen auf die Pasta schichten und mit dem zerkrümelten Gorgonzola bestreuen.

Die Gläser gut verschließen und bis zur Verwendung in den Kühlschrank stellen. Vor dem Essen etwa 30 Minuten auf Raumtemperatur bringen, kräftig durchschütteln und direkt aus dem Glas genießen.

to mean nothing at all
semmit sem jelenteni
curled forefinger
in someone else

WEEKLY PLANNER
week
Monday
Tuesday
Wednesday
Thursday
NOODLE SALAD
notes
TAPE SIDE
TAPE SIDE

Nudelsalat mit Oliven-Tapenade und Rucola

Die klassische Tapenade mit schwarzen Oliven, Kapern und Sardellen lässt sich blitzschnell zu Hause zubereiten. Übrig gebliebene Tapenade schmeckt auch hervorragend auf Baguette.

FÜR 2 GLÄSER (À 1 L)

FÜR DEN SALAT:
150 g Fusilli
2 Eier
50 g Rucola
3 getrocknete Tomaten in Öl

FÜR DIE OLIVEN-TAPENADE:
100 g schwarze Oliven mit Stein
1 EL Kapern
3 Sardellenfilets
1 TL Zitronensaft
5 EL natives Olivenöl extra
Meersalz
frisch gemahlener schwarzer Pfeffer

Die Pasta nach Packungsanleitung in reichlich Salzwasser bissfest kochen. Mit kaltem Wasser gut abschrecken, dann abtropfen lassen. 2 EL vom Kochwasser aufbewahren und abkühlen lassen.

Die Eier anpiksen und in kochendem Wasser in 8–10 Minuten kochen. Danach abschrecken und abkühlen lassen. Den Rucola waschen, trocken schleudern und grob hacken. Die Tomaten gut abtropfen lassen, dann fein hacken.

Für die Tapenade die Oliven entsteinen, die Kapern abtropfen lassen und die Sardellenfilets gut abspülen und trocken tupfen. Oliven, Kapern, Sardellen und Zitronensaft in einen hohen Rührbehälter geben. Mit dem Pürierstab gründlich durchmixen, dabei nach und nach das Olivenöl untermixen. Zuletzt das Kochwasser unterrühren. Wenn nötig, mit Salz und Pfeffer abschmecken.

Die Tapenade gleichmäßig auf die beiden Gläser verteilen, dann die Pasta und den Rucola darübergeben. Die Eier schälen und in Scheiben schneiden. Auf dem Rucola verteilen. Zuletzt die gehackten Tomaten darüberstreuen.

Die Gläser gut verschließen und bis zur Verwendung in den Kühlschrank stellen. Vor dem Essen etwa 30 Minuten auf Raumtemperatur bringen, kräftig durchschütteln und direkt aus dem Glas genießen.

Nudelsalat mit Roter Bete und Mangold

Dieser Salat gehört zu meinen absoluten Lieblingen! Rote Bete wird sanft im Ofen gegart und zusammen mit Haselnüssen, Mangold und Ziegenfrischkäse ins Glas geschichtet. Abgesehen von der hübschen lila Färbung des Salats nach dem Schütteln ist die Kombination einfach unglaublich lecker!

FÜR 2 GLÄSER (À 1 L)

FÜR DEN SALAT:
150 g Maccheroni
2 kleine Rote Beten
30 g Haselnusskerne
½ Bund Mangold
75 g Ziegenfrischkäse
natives Olivenöl extra
Meersalz
frisch gemahlener schwarzer Pfeffer

FÜR DAS DRESSING:
2 EL Balsamico
4 EL natives Olivenöl extra
1 TL Honig
Meersalz
frisch gemahlener schwarzer Pfeffer

Die Pasta nach Packungsanleitung in reichlich Salzwasser bissfest kochen. Mit kaltem Wasser gut abschrecken, dann abtropfen lassen. 2 EL vom Kochwasser aufbewahren und abkühlen lassen.

Den Backofen auf 200 °C Ober- und Unterhitze vorheizen und ein Backblech mit Backpapier belegen.

Die Rote-Bete-Knollen schälen und in etwa 2 cm große Stücke schneiden. Dabei am besten Handschuhe tragen. Die Rote-Bete-Würfel gleichmäßig auf dem Backblech verteilen.

Mit 2–3 EL Olivenöl beträufeln und mit etwas Salz und Pfeffer bestreuen. Im vorgeheizten Ofen auf der mittleren Schiene 25–30 Minuten backen, bis die Rote Bete gar ist. In den letzten 5 Minuten der Backzeit die Haselnusskerne mit auf dem Blech verteilen und kurz mitrösten. Danach aus dem Ofen nehmen und vollständig auf dem Blech abkühlen lassen.

Den Mangold putzen und die harten Enden der Blattrispen herausschneiden. Die Mangoldstiele würfeln, die Blätter in grobe Stücke schneiden. Wasser in einem kleinen Topf zum Kochen bringen und salzen. Den Mangold im kochenden Salzwasser 2–3 Minuten blanchieren. Mit einer Schöpfkelle aus dem Topf heben und unter fließendem kalten Wasser abschrecken. Abkühlen lassen.

Für das Dressing Balsamico, Olivenöl, Honig und das aufgefangene Kochwasser in einer kleinen Schüssel kräftig mit einem Schneebesen verrühren. Mit Salz und Pfeffer abschmecken.

Das Dressing gleichmäßig auf die beiden Gläser verteilen, dann die Pasta darübergeben. Erst den Mangold und dann die abgekühlte Rote Bete mit den Haselnusskernen daraufschichten und den Ziegenfrischkäse darüber verteilen.

Die Gläser gut verschließen und bis zur Verwendung in den Kühlschrank stellen. Vor dem Essen etwa 30 Minuten auf Raumtemperatur bringen, kräftig durchschütteln und direkt aus dem Glas genießen.

N°13

Nudelsalat mit Antipasti-Grillgemüse und Pesto

Erlaubt ist, was schmeckt und gerade im Kühlschrank ist. Bunte Paprikaschoten, Pilze oder weiße Zwiebeln passen auch wunderbar in die Antipasti-Mischung. Das klassische Pesto wird noch etwas nussiger und herber, wenn man statt der Pinienkerne Walnusskerne verwendet.

FÜR 2 GLÄSER (À 1 L)

FÜR DEN SALAT:
150 g Penne Rigate
1 rote Paprikaschote
1 kleine Zucchini
1 kleine Aubergine
1 rote Zwiebel
1 Rosmarinzweig
1 Thymianzweig
3 Salbeiblätter
125 g Mini-Mozzarellakugeln, abgetropft
natives Olivenöl extra
Meersalz
frisch gemahlener schwarzer Pfeffer

FÜR DAS PESTO:
1 Bund Basilikum
2 EL Pinienkerne
30 g Parmesan, gerieben
4 EL natives Olivenöl extra
1 Spritzer Zitronensaft
Meersalz
frisch gemahlener schwarzer Pfeffer

Die Pasta nach Packungsanleitung in reichlich Salzwasser bissfest kochen. Mit kaltem Wasser gut abschrecken, dann abtropfen lassen. 2 EL vom Kochwasser aufbewahren und abkühlen lassen.

Den Ofen auf 175 °C Ober- und Unterhitze vorheizen. Ein Backblech mit Backpapier belegen.
Die Paprika waschen, abtrocknen, vierteln, entkernen und in Streifen schneiden. Die Zucchini und Aubergine ebenfalls waschen, abtrocknen, die Endstücke abschneiden und beides längs in Streifen schneiden. Die Zwiebel schälen, vierteln und in die einzelnen Schichten zerteilen.

Das Gemüse gleichmäßig auf dem Backblech verteilen. Mit Salz und Pfeffer bestreuen und mit etwas Olivenöl beträufeln. Die Kräuterzweige waschen, trocken tupfen und auf dem Gemüse verteilen.

Im vorgeheizten Ofen auf der mittleren Schiene 20–25 Minuten rösten. Danach aus dem Ofen nehmen, die Kräuterzweige entfernen und das Gemüse abkühlen lassen.

Für das Pesto Basilikum, Pinienkerne, Parmesan, Olivenöl und Zitronensaft in einen hohen Behälter geben und mit dem Pürierstab gut durchmixen. Mit Salz und Pfeffer abschmecken.

Das Pesto gleichmäßig auf die beiden Gläser verteilen, dann die Pasta darübergeben. Das Grillgemüse gleichmäßig darauf verteilen, dann die Mozzarellakugeln dazugeben.

Die Gläser gut verschließen und bis zur Verwendung in den Kühlschrank stellen. Vor dem Essen etwa 30 Minuten auf Raumtemperatur bringen, kräftig durchschütteln und direkt aus dem Glas genießen.

Asiatischer Glasnudelsalat mit Hackfleisch

Glasnudeln, Fischsauce und Garam Masala findet man in der Asiaabteilung des Supermarkts. Garam Masala ist eine Curry-Würzmischung. Alternativ kann man auch eine andere Currymischung verwenden.

FÜR 2 GLÄSER (À 0,75 L)

FÜR DEN SALAT:
160 g Glasnudeln
1 Knoblauchzehe
1 cm Ingwerwurzel
1 TL Zucker
1 TL Garam Masala
1 rote Paprikaschote
½ rote Chilischote
250 g Rinderhackfleisch
2 Frühlingszwiebeln
einige Korianderstiele
Erdnussöl zum Braten
Meersalz
frisch gemahlener schwarzer Pfeffer

FÜR DAS DRESSING:
Saft von ½ Limette
1 EL Fischsauce
1 EL Sojasauce
1 Prise Zucker
3 EL Sonnenblumenöl
Meersalz
frisch gemahlener schwarzer Pfeffer

Die Glasnudeln nach Packungsanleitung in reichlich Salzwasser kochen. Mit kaltem Wasser gut abschrecken, dann abtropfen lassen und mit einer Schere mehrmals durchschneiden.

Die Knoblauchzehe schälen und fein hacken. Den Ingwer schälen und fein reiben. Zusammen mit Zucker, Garam Masala, Salz und Pfeffer zu einer Paste verrühren.

Die Paprikaschote waschen, vierteln, entkernen und in Würfel schneiden. Die Chilischote waschen, entkernen und fein hacken.

Etwas Erdnussöl in einer Pfanne erhitzen und das Hackfleisch darin bei hoher Temperatur krümelig anbraten. Dann die Gewürzpaste, die Paprikawürfel und die Chili dazugeben und kurz mit anbraten. Beiseitestellen und abkühlen lassen.

Die Frühlingszwiebeln waschen und die Wurzelenden abschneiden. Den weißen und hellgrünen Teil in Ringe schneiden. Den Koriander waschen, trocken schütteln, die Blättchen abzupfen und fein hacken.

Für das Dressing Limettensaft, Fischsauce, Zucker und Sonnenblumenöl in einer kleinen Schüssel kräftig mit einem Schneebesen verrühren. Mit Salz und Pfeffer abschmecken.

Das Dressing gleichmäßig auf die beiden Gläser verteilen, dann die Glasnudeln darübergeben. Die Hackfleischmischung daraufgeben und mit Frühlingszwiebeln und Koriander bestreuen.

Die Gläser gut verschließen und bis zur Verwendung in den Kühlschrank stellen. Vor dem Essen etwa 30 Minuten auf Raumtemperatur bringen, kräftig durchschütteln und direkt aus dem Glas genießen.

ASIA
NOOD
WEISSWANGE
THE GINGER BEAR

Nudelsalat mit Spitzkohl und pochiertem Lachs

Dieser Nudelsalat schmeckt auch gut mit Babyspinat, Mangold oder Pak Choi statt Spitzkohl. Noch klassischer wird der Salat, wenn man den Thymian durch Dill ersetzt. Wer mag, gibt den Abrieb von ½ unbehandelten Zitrone mit in das Dressing.

FÜR 2 GLÄSER (À 1 L)

FÜR DEN SALAT:
150 g Fusilli
400 ml Gemüsebrühe
2 kleine Lachsfilets (à 125 g)
100 g junger Spitzkohl am Stück
2 Gewürzgurken
1 EL Kapern

FÜR DAS DRESSING:
einige Thymianzweige
75 g Frischkäse (Doppelrahmstufe)
1 EL Zitronensaft
Meersalz
frisch gemahlener schwarzer Pfeffer

Die Pasta nach Packungsanleitung in reichlich Salzwasser bissfest kochen. Mit kaltem Wasser gut abschrecken, dann abtropfen lassen. 3 EL vom Kochwasser aufbewahren und abkühlen lassen.

Die Gemüsebrühe in einen Topf geben und aufkochen. Die Lachsfilets trocken tupfen und in die Gemüsebrühe legen. Die Temperatur herunterschalten und die Filets bei geschlossenem Deckel 7–8 Minuten sanft pochieren. Danach aus dem Topf nehmen und abkühlen lassen.

Den Spitzkohl auf einer Mandoline oder Reibe hobeln oder mit einem Messer in feine Streifen schneiden. Die Gewürzgurken in feine Würfel schneiden. Die Kapern abspülen und abtropfen lassen.

Für das Dressing den Thymian waschen, trocken schütteln und die Blättchen von den Stielen zupfen. Die Blättchen fein hacken. Thymian, Frischkäse, Zitronensaft und das aufgefangene Kochwasser in einer kleinen Schüssel kräftig mit einem Schneebesen verrühren. Mit Salz und Pfeffer abschmecken.

Das Dressing gleichmäßig auf die beiden Gläser verteilen, dann die Pasta darübergeben. Den Spitzkohl locker auf die Pasta schichten. Den Lachs vorsichtig zerzupfen und auf dem Spitzkohl verteilen. Mit den Gewürzgurken und Kapern bestreuen.

Die Gläser gut verschließen und bis zur Verwendung in den Kühlschrank stellen. Vor dem Essen etwa 30 Minuten auf Raumtemperatur bringen, kräftig durchschütteln und direkt aus dem Glas genießen.

Nudelsalat mit gegrillter Paprika, Chorizo und Manchego

Natürlich kann man auch selbst Paprika im Ofen rösten und für diesen Salat verwenden. Ich greife der Einfachheit halber auf ein gutes Fertigprodukt zurück. Ist die Paprika in gutem Olivenöl eingelegt, kann man dieses auch direkt für das Dressing verwenden. Chorizo zum Braten gibt es in immer mehr Supermärkten oder Feinkostgeschäften. Wer keinen Sherryessig hat, kann diesen einfach durch Rotweinessig ersetzen.

FÜR 2 GLÄSER (À 0,75 L)

FÜR DEN SALAT:
150 g Fusilli
100 g Chorizo im Ring
einige Basilikumblättchen
160 g gegrillte Paprika aus dem Glas, abgetropft
30 g Manchego, in Späne gehobelt

FÜR DAS DRESSING:
1 EL Sherryessig
3 EL natives Olivenöl extra
1 TL Honig
Meersalz
frisch gemahlener schwarzer Pfeffer

Die Pasta nach Packungsanleitung in reichlich Salzwasser bissfest kochen. Mit kaltem Wasser gut abschrecken, dann abtropfen lassen. 2 EL vom Kochwasser aufbewahren und abkühlen lassen.

Die Chorizo pellen und in dünne Scheiben schneiden. Eine kleine Pfanne auf mittlere Temperatur erhitzen und die Chorizo ohne weitere Fettzugabe knusprig ausbraten. Das Basilikum waschen und trocken schütteln.

Für das Dressing Essig, Olivenöl, Honig und das aufgefangene Kochwasser in einer kleinen Schüssel kräftig mit einem Schneebesen verrühren. Mit Salz und Pfeffer abschmecken.

Das Dressing gleichmäßig auf die beiden Gläser verteilen, dann die Pasta darübergeben. Paprika und Chorizo daraufgeben und alles mit Basilikum und Manchego bestreuen.

Die Gläser gut verschließen und bis zur Verwendung in den Kühlschrank stellen. Vor dem Essen etwa 30 Minuten auf Raumtemperatur bringen, kräftig durchschütteln und direkt aus dem Glas genießen.

iCe AGE
teenage rampage
HITACHINO NEST
GOURMET

Ball
crafted for quality
sealed for freshness
Made in USA

Nudelsalat mit Melone und Serranoschinken

Ein echter Klassiker: Melone und Schinken. Hier harmonieren die beiden Zutaten besonders gut zu mildem Feldsalat und werden noch durch kleine Mozzarellakugeln ergänzt. Ob Honigmelone, Galiamelone oder Futuromelone – sie sollte reif und süß sein.

FÜR 2 GLÄSER (À 1 L)

FÜR DEN SALAT:
150 g Penne Rigate
¼ Zuckermelone (etwa 150 g Fruchtfleisch)
2 kleine Handvoll Feldsalat (etwa 40 g)
4 Scheiben Serranoschinken
12 Mini-Mozzarellakugeln

FÜR DAS DRESSING:
2 EL Balsamico
4 EL natives Olivenöl extra
Meersalz
frisch gemahlener schwarzer Pfeffer

Die Pasta nach Packungsanleitung in reichlich Salzwasser bissfest kochen. Mit kaltem Wasser gut abschrecken, dann abtropfen lassen. 2 EL vom Kochwasser aufbewahren und abkühlen lassen.

Das Fruchtfleisch der Melone in Würfel schneiden. Den Feldsalat waschen, die Wurzelenden entfernen und den Salat trocken schleudern. Den Serranoschinken grob zerzupfen.

Für das Dressing Balsamico, Olivenöl und das aufgefangene Kochwasser in einer kleinen Schüssel kräftig mit einem Schneebesen verrühren. Mit Salz und Pfeffer abschmecken.

Das Dressing gleichmäßig auf die beiden Gläser verteilen, dann die Pasta darübergeben. Den Feldsalat auf die Pasta schichten, Melone, Mozzarellakugeln und Schinken darauf verteilen.

Die Gläser gut verschließen und bis zur Verwendung in den Kühlschrank stellen. Vor dem Essen etwa 30 Minuten auf Raumtemperatur bringen, kräftig durchschütteln und direkt aus dem Glas genießen.

Nudelsalat mit Spargel, Rucola und Hähnchenbrust

Einer meiner liebsten Nudelsalate mit wunderbaren Röstaromen von Spargel und Hähnchenbrust. Die Mischung aus milden und würzigen Komponenten ergibt eine wirklich spannende Kombination. Besonders ist auch das zitronige Ricottadressing.

FÜR 2 GLÄSER (À 1 L)

FÜR DEN SALAT:
150 g Fusilli
10 grüne Spargelstangen
1 kleines Hähnchenbrustfilet (etwa 150 g)
2 kleine Handvoll Rucola (etwa 40 g)
30 g Parmesan, in Späne gehobelt
Olivenöl zum Braten

FÜR DAS DRESSING:
75 g Ricotta
1 EL natives Olivenöl extra
1 EL Vollmilch
1 TL Zitronensaft
Meersalz
frisch gemahlener schwarzer Pfeffer

Die Pasta nach Packungsanleitung in reichlich Salzwasser bissfest kochen. Mit kaltem Wasser gut abschrecken, dann abtropfen lassen. 2 EL vom Kochwasser aufbewahren und abkühlen lassen.

Den Spargel waschen, die holzigen Enden abschneiden und die Stangen in 4–5 cm lange Stücke schneiden. Etwas Olivenöl in einer Pfanne erhitzen. Die Spargelstücke 4–5 Minuten bei mittlerer Hitze rundherum anbraten. Aus der Pfanne nehmen und abkühlen lassen.

Die Hähnchenbrust trocken tupfen. Erneut etwas Olivenöl in der Pfanne erhitzen. Die Hähnchenbrust bei mittlerer Hitze von beiden Seiten 8–10 Minuten braten. Aus der Pfanne nehmen und abkühlen lassen. Währenddessen den Rucola waschen und trocken schütteln. Grob hacken.

Für das Dressing Ricotta, Olivenöl, Milch, Zitronensaft und das aufgefangene Kochwasser in einer kleinen Schüssel kräftig mit einem Schneebesen verrühren. Mit Salz und Pfeffer abschmecken.

Das Dressing gleichmäßig auf die beiden Gläser verteilen, dann die Pasta darübergeben. Den Rucola auf die Pasta schichten und den Spargel darauf verteilen. Die abgekühlte Hähnchenbrust würfeln, über den Spargel geben und mit dem Parmesan bestreuen.

Die Gläser gut verschließen und bis zur Verwendung in den Kühlschrank stellen. Vor dem Essen etwa 30 Minuten auf Raumtemperatur bringen, kräftig durchschütteln und direkt aus dem Glas genießen.

OPEN
ARUGULA
FUSILLI
ASPARAGUS
CHICKEN SALAD

PARSLEY
LAMB MINCE
ORIENTAL SALAD

Orientalischer Nudelsalat mit Lammhack, Zucchini und Joghurtsauce

Statt Lammhackfleisch kann man für diesen Nudelsalat auch Rinderhackfleisch oder eine Mischung aus Lamm und Rind verwenden. Granatapfelsirup gibt es im türkischen Supermarkt. Alternativ kann man hier auch einfach Himbeer- oder Johannisbeergelee für eine leicht süßliche Note verwenden.

FÜR 2 GLÄSER (À 1 L)

FÜR DEN SALAT:
150 g Casarecce
1 Zwiebel
1 Knoblauchzehe
1 Zucchini
250 g Lammhackfleisch
einige Stiele glatte Petersilie
Olivenöl zum Braten
Meersalz
frisch gemahlener schwarzer Pfeffer

FÜR DAS DRESSING:
einige Stiele glatte Petersilie
100 g griechischer Joghurt
1 EL Granatapfelsirup
Meersalz
frisch gemahlener schwarzer Pfeffer

Die Pasta nach Packungsanleitung in reichlich Salzwasser bissfest kochen. Mit kaltem Wasser gut abschrecken, dann abtropfen lassen. 2 EL vom Kochwasser aufbewahren und abkühlen lassen.

Zwiebel und Knoblauch schälen. Die Zwiebel würfeln, den Knoblauch fein hacken. Die Zucchini waschen, abtrocknen und die Enden abschneiden. Die Zucchini in ½ cm große Würfel schneiden.

Olivenöl in einer Pfanne erhitzen und das Hackfleisch darin krümelig anbraten. Knoblauch, Zwiebel und Zucchini dazugeben und bei niedriger Temperatur 5–7 Minuten braten. Mit Salz und Pfeffer abschmecken. Zur Seite stellen und abkühlen lassen.

Die Petersilie für Salat und Dressing waschen und trocken schütteln. Die Blättchen von den Stielen zupfen und fein hacken.

Für das Dressing die Hälfte der Petersilie, Joghurt, Granatapfelsirup und das aufgefangene Kochwasser in einer kleinen Schüssel kräftig mit einem Schneebesen verrühren. Mit Salz und Pfeffer abschmecken.

Das Dressing gleichmäßig auf die beiden Gläser verteilen, dann die Pasta darübergeben. Die Hackfleischmischung daraufgeben und mit Petersilie bestreuen.

Die Gläser gut verschließen und bis zur Verwendung in den Kühlschrank stellen. Vor dem Essen etwa 30 Minuten auf Raumtemperatur bringen, kräftig durchschütteln und direkt aus dem Glas genießen.

Nudelsalat mit Ofen-Hokkaido und Feta

Im Ofen gebräunter Kürbis, würziger Feta und knackige Kürbiskerne – dieser herbstliche Nudelsalat ist auf dem besten Weg, ein echter Klassiker zu werden!

FÜR 2 GLÄSER (À 1 L)

FÜR DEN SALAT:
150 g Penne Rigate
1 kleiner Hokkaido-Kürbis (etwa 700 g)
1 Thymianzweig
20 g Kürbiskerne
100 g Feta
natives Olivenöl extra
Meersalz
frisch gemahlener schwarzer Pfeffer

FÜR DAS DRESSING:
1 TL Thymianblättchen
2 EL Weißweinessig
4 EL Walnussöl
1 TL Honig
Meersalz
frisch gemahlener schwarzer Pfeffer

Die Pasta nach Packungsanleitung in reichlich Salzwasser bissfest kochen. Mit kaltem Wasser gut abschrecken, dann abtropfen lassen. 2 EL vom Kochwasser aufbewahren und abkühlen lassen.

Den Backofen auf 200 °C Ober- und Unterhitze vorheizen und ein Backblech mit Backpapier belegen.

Den Kürbis gründlich schrubben, vierteln, die Enden und das Kerngehäuse herausschneiden. Das Fruchtfleisch längs in in schmale Spalten schneiden. Die Kürbisspalten gleichmäßig auf dem Backblech verteilen.

Die Thymianblättchen grob von den Stielen zupfen, waschen, trocken tupfen und rund um den Kürbis verteilen.

Die Kürbisspalten mit 2–3 EL Olivenöl beträufeln und mit etwas Salz und Pfeffer bestreuen. Im vorgeheizten Ofen auf der mittleren Schiene 20–25 Minuten backen, bis der Kürbis gar ist, dabei ggf. nach der Hälfte der Zeit einmal wenden. Danach aus dem Ofen nehmen und vollständig auf dem Blech abkühlen lassen.

Die Kürbiskerne in einer Pfanne ohne Fett bei mittlerer Temperatur rösten, bis sie leicht knacken. Abkühlen lassen. Den Feta grob zerkrümeln.

Für das Dressing die Thymianblättchen fein hacken. Weißweinessig, Walnussöl, Honig, fein gehackte Thymianblättchen und das aufgefangene Kochwasser in einer kleinen Schüssel kräftig mit einem Schneebesen verrühren. Mit Salz und Pfeffer abschmecken.

Das Dressing gleichmäßig auf die beiden Gläser verteilen, dann die Pasta darübergeben. Den abgekühlten Kürbis auf die Pasta schichten und mit den Kürbiskernen und dem zerkrümelten Feta bestreuen.

Die Gläser gut verschließen und bis zur Verwendung in den Kühlschrank stellen. Vor dem Essen etwa 30 Minuten auf Raumtemperatur bringen, kräftig durchschütteln und direkt aus dem Glas genießen.

M
MINT
P
HERBES
DE PROVENCE
C
C
GROUND
CUMIN

ASPARAGUS
SUGAR SNAPS
PESTO
PRIMAVERA

Nudelsalat Primavera

Ein wunderbarer Frühlingssalat mit frischem grünen Gemüse. Der Wildkräutersalat gibt eine schöne Würze. Wer ihn nicht bekommt, kann auch einfach jungen Blattsalat oder Babyspinat verwenden und den Salat um Frühlingszwiebeln ergänzen. Das Pesto wird noch nussiger, wenn man Walnusskerne statt der Pinienkerne verwendet.

FÜR 2 GLÄSER (À 1 L)

FÜR DEN SALAT:
150 g Farfalle
10 grüne Spargelstangen
80 g Zuckerschoten
2 kleine Handvoll Wildkräutersalat (etwas 40 g)

FÜR DAS BÄRLAUCHPESTO:
15 g Bärlauchblätter
1 EL Pinienkerne
20 g Grana Padano
4 EL natives Olivenöl extra
2 TL Zitronensaft
Meersalz
frisch gemahlener schwarzer Pfeffer

Die Pasta nach Packungsanleitung in reichlich Salzwasser bissfest kochen. Mit kaltem Wasser gut abschrecken, dann abtropfen lassen. 2 EL vom Kochwasser aufbewahren und abkühlen lassen.

Wasser in einem Topf zum Kochen bringen und salzen. Den Spargel waschen, die holzigen Enden abschneiden und die Stangen in 4–5 cm lange Stücke schneiden. Den Spargel 6–8 Minuten leicht kochen lassen, dann aus dem Wasser heben und mit kaltem Wasser abschrecken. Abkühlen lassen.

Das Wasser erneut zum Kochen bringen. Die Zuckerschoten waschen und 2–3 Minuten blanchieren. Abgießen und mit kaltem Wasser abschrecken. Abkühlen lassen.

Den Salat waschen und trocken schleudern, falls nötig grob zerzupfen.

Für das Pesto Bärlauch, Pinienkerne, Grana Padano, Olivenöl, Zitronensaft und das aufgefangene Kochwasser in eine hohe Rührschüssel geben. Mit dem Pürierstab gut durchmixen und zu einem groben Pesto verarbeiten. Mit Salz und Pfeffer abschmecken.

Das Pesto gleichmäßig auf die beiden Gläser verteilen, dann die Pasta darübergeben. Den Salat auf die Pasta schichten, Zuckerschoten und Spargel darauf verteilen.

Die Gläser gut verschließen und bis zur Verwendung in den Kühlschrank stellen. Vor dem Essen etwa 30 Minuten auf Raumtemperatur bringen, kräftig durchschütteln und direkt aus dem Glas genießen.

REZEPTREGISTER

ZUTATENREGISTER

Danksagung

Für die Bereitstellung der verschiedenen Gläser danken wir herzlichst:

BUTLERS GmbH & Co. KG, Köln
www.butlers.com

Gläser und Flaschen GmbH, Berlin
www.glaeserundflaschen.de

LIEBLINGSGLAS – Original Ball Mason Jars, Köln
www.lieblingsglas.de

AUTORIN

Maja Nett ist ein leidenschaftlicher Foodie. Seit 2011 teilt sie auf ihrem Foodblog ihre Rezepte für schnelle Feierabendküche und süße Sachen, schreibt kulinarische Reiseberichte und berichtet über die weltweite Foodie-Szene.
www.moeyskitchen.com

Emil-Hoffmann-Straße 1
D-50996 Köln

Texte und Rezepte: Maja Nett
Fotos: Maria Brinkop Fotografie, Nordstemmen
Layout und Umschlaggestaltung:
Jefferson & Högerle, Visuelle Kommunikation, Köln
Satz: Achim Münster, Overath
Redaktion und Lektorat: Svenja K. Sammet
Gesamtherstellung: Fackelträger Verlag GmbH, Köln

ISBN 978-3-7716-4668-4
Printed in Poland

www.fackeltraeger-verlag.de